Viola Eigenbrodt

Schwetzingen

Porträt einer Stadt

Viola Eigenbrodt

Schwetzingen

Porträt einer Stadt

GMEINER KULTUR

Lieber Leser, wenn Sie ein Feedback zum Buch geben möchten,
bitte schreiben Sie uns! Autor und Verlag freuen sich über Ihre Rückmeldung.
stadtgespraeche@gmeiner-verlag.de

Besuchen Sie uns im Internet:
www.gmeiner-verlag.de

Im Ehnried 5, 88605 Meßkirch
Telefon 07575/2095-0
info@gmeiner-verlag.de

1. Auflage 2016

Lektorat/Redaktion: Isabell Michelberger; Ricarda Dück
Satz: Mirjam Hecht
Umschlaggestaltung/Bildbearbeitung: Benjamin Arnold
Kartendesign: Mirjam Hecht; © The World of Maps (123vectormaps.com)
Druck: AZ Druck und Datentechnik GmbH, Kempten
Printed in Germany
ISBN 978-3-8392-1900-3

1 Die Hannelore-Dampf im Rathaus

Kulturreferentin Barbara Gilsdorf entspannt im Lapidarium

Die schmale Blondine ist eine echte Kurpfälzerin. Seit ihrer Geburt in Heidelberg war die über 50-Jährige stets ihrer Heimat treu, studierte Kunstgeschichte mit anschließender Promotion. Damals schon vernetzte Dr. Barbara Gilsdorf gerne. Eine Begabung, die ihr offenbar in die Wiege gelegt worden ist. Bis heute ist sie darin eine wahre Meisterin – und somit eine Persönlichkeit, die für die Position einer Kulturreferentin mit Sitz im Rathaus in der Hebelstraße, direkt neben dem Schloss, geradezu prädestiniert ist.

Die ehemals freiberufliche Kunsthistorikerin verfügt über ein fundiertes Fachwissen und kennt nahezu alle Künstler von Rang und Namen in der Kurpfalz und besonders in der Spargelstadt, obendrein viele Kreative von internationalem Rang. Sie war Ausstellungsrednerin, schrieb Katalogbeiträge und leitete Mitte der 90er-Jahre die Gustav-Wolf-Galerie im badischen Östringen, die sie aufbaute. Ein Organisationstalent, das später im Kulturamt zur vollen Entfaltung kam.

Der Bildenden Kunst gehört ihre Liebe jedoch nicht allein. Barbara Gilsdorf ist ebenso Sängerin, was sie vor rund 25 Jahren in Heidelberg als Mitglied des Theaterchors und später in Essen als Opernchorsängerin unter Beweis stellte. Die klassische Musik ist ihr Steckenpferd, und auch die Bretter, die die Welt bedeuten. Sie war es, die einem kleinen, aber feinen Ensemble auf die Sprünge half, wodurch Schwetzingen seit über zehn Jahren mit dem *theater am puls* über ein eigenes Haus verfügt.

Eine Zeit lang entführte sie ihr Publikum als »Maitresse-en-titre«, Hauptlieblingsdame des Kurfürsten, zuvor bereits in Heidelberg, mit bühnenreifen Vorführungen an den Hof des Kurpfälzer Sonnenkönigs.

Seit rund 15 Jahren ist Barbara Gilsdorf bekannt wie ein bunter Hund, denn neben der Organisation der *Mozartwege* und der Unterstützung der Städtepartnerschaft mit Spoleto zeichnet sie für beinahe alle kulturellen Aktivtäten verantwortlich, alles von ihrem schmucken Büro aus. Viele schöne und schräge Erlebnisse verbindet die quirlige Dame inzwischen mit ihrem Job. Zusammen mit Oberbürgermeister

Barbara Gilsdorf mit der Fotografin Jo Goertz bei einer Vernissage

Dr. René Pöltl war sie beispielsweise 2015 zum Sommerfest des Bundespräsidenten nach Berlin eingeladen. Das Orchester *La Folia*, das für einige Zeit als *Orchestra in Residence* in Schwetzingen fungierte, durfte dort als Begleitung der Starsopranistin Simone Kermes auftreten. Ein Lifetime-Event, wie sie zu berichten weiß.

Merkwürdig dagegen empfand die Kulturreferentin die Begegnung mit einer international renommierten deutschen Schauspiellegende, die sich während der Festspiele zu einer Lesung die Ehre gab. Barbara Gilsdorf erzählt gut gelaunt: »Es sollte einen Eintrag ins Goldene Buch der Stadt organisiert werden. Der Schwetzinger Bürgermeister und ich wurden zugelassen, doch gab es strikte Instruktionen, wie der Schauspieler zu behandeln sei, der Kontakt sei recht ›speziell‹. Wir huschten lautlos mit dem Goldenen Buch ausgestattet in einen der Konzertsäle des Schwetzinger Schlosses. Unser ›Guten Abend‹ wurde selbstverständlich und erwartungsgemäß *nicht* beantwortet. Nachdem einige Zeit verstrichen war, durfte der Bürgermeister das Podest betreten. Seine netten Worte fanden keine Beachtung. Der Schauspieler würdigte uns nicht einmal eines Blickes. So zogen wir gleich nach dem Eintrag bedribbelt von dannen. Später haben wir uns natürlich mordsmäßig amüsiert. Leider ist meine Achtung, die ich vor diesem Künstler bislang hatte, Richtung Nullpunkt gegangen.«

Obwohl sie heimatverbunden ist und nach wie vor in ihrer Geburtsstadt Heidelberg lebt, ist sie mit ihrer Wirkungsstätte äußerst glücklich. Das mannigfaltige kulturelle Angebot der Großen Kreisstadt, die wunderbaren Konzerte und Opern, die im Schloss stattfinden, der Schlossgarten mit seinen verborgenen Ecken, der Schlossplatz, an dem sich gut am Abend mit einem Gläschen Wein sitzen lässt, das alles bildet eine Kulisse, die nicht jeder Arbeitnehmer hat, wie sie findet.

Die Kulturreferentin sieht sich und ihre Arbeit stets im Kontext regionaler Stadtentwicklung und kurfürstlichem Erbe. Sie fühlt sich inspiriert durch die besondere geschichtliche Bedeutung der Stadt. Das ist ihr täglich Brot: Vergangenheit, Gegenwart und Zukunft miteinander zu verbinden; historisches Erbe zu wahren, gegenwärtig zu halten und in die Zukunft zu führen. In besonderem Maße fasziniert sie neben der gartenarchitektonischen die musikhistorische Bedeutung des Ortes. Gedanken darüber macht sie sich gerne im Lapidarium des Schlosses. Sie hätte eine perfekte Kurfürstin an der Seite unseres Karl Theodor abgegeben, lacht sie. »Ich würde wahrscheinlich das Thema Bildende Kunst, Kunst im öffentlichen Raum vorantreiben. Kurfürst Karl Theodor war ein Ermöglicher – das wäre mein Ding als Kurfürstin: Diese Stadt in einen Ort des Wissens und der geistigen Impulse umzuwandeln, und noch stärker die Musik in den Fokus zu setzen. Musiker, Komponisten und Künstler zu fördern.« Die Kurfürstin in spe tut genau *das* heute – in guter alter Tradition.

LAPIDARIUM
NEUE ORANGERIE IM SCHLOSS
68723 SCHWETZINGEN
WWW.SCHLOSS-SCHWETZINGEN.DE/SCHLOSS/AUSSTELLUNGEN/LAPIDARIUM/

2 Schönfärberei mit Möbelgarnitur

Multitalent Jürgen Ferber komponiert im Moscheegarten

Man muss tatsächlich nicht aus Schwetzingen stammen, um mit musikalischem Talent aufzufallen. Aber dort zu wohnen, schadet auf gar keinen Fall. Jürgen Ferber, geboren 1963, bekam als Kind Akkordeon-, Gesangs- und Gitarrenunterricht. Als 14-Jähriger komponierte er bereits erste eigene Lieder und beglückte ab 1981 Passanten mit seinem Können als Straßenmusiker in seiner Heimatstadt. Seine besten Ideen für Neues entstehen im Moscheegarten im Schlosspark zu allen Jahreszeiten, aber besonders, wenn dieser im Frühling in voller Baumblüte stehend einen einzigartigen Blütenrausch hervorzaubert.

Nach dem Abitur studierte Ferber zunächst etwas »Ordentliches«, nämlich BWL, begann aber beinahe gleichzeitig ein Gesangsstudium in Köln. Er übte verschiedene Tätigkeiten bei der Kölner Philharmonie aus, ist seit 1993 Gesangslehrer und war für einige Zeit in Köln Geschäftsführer der Theatergemeinde. Mit dieser Aufgabe entflammte seine zweite Liebe, die zum Theater. Sie führte den jungen Mann zum Musical, von denen er bis zum heutigen Tag die beachtliche Anzahl von fünf mitverfasste, wie das bekannte »Hinter dem Spiegel«, das sogar einen Preis bekam. Seit 2002 unterrichtet Jürgen Ferber selbstständig in der Spargelstadt.

Den höchsten Bekanntheitsgrad genießt der Umtriebige als musikalischer Leiter des *theater am puls*. Für dessen Akteure gibt er außerdem einen regelmäßigen Musical-Workshop im Sommer. Über die Grenzen der Stadt und der Metropolregion Rhein-Neckar hinaus ist der Mann mit der Löckchenpracht geschätzt als Mitglied der Combo *Wilhelm Wolf & Die Möblierten Herren*, die alte Schlager und Couplets aus den 20er- und 30er-Jahren des vergangenen Jahrhunderts einem begeisterten Publikum darbieten. Es darf sogar geschwoft werden, ganz altmodisch, im Paartanz. Für die Freunde der Nostalgie haben die Herren darüber hinaus Revuen in ihrem Repertoire, die sie im *TaP* aufführen.

Nachdem Jürgen Ferber 2012 zur Celler Schule, eine Institution für deutschsprachige Textdichter, berufen wurde, entwickelte er 2014

Multitalent Jürgen Ferber ist auf der Bühne in seinem Element

das Soloprogramm *Ich sing für mein Leben*, mit dem er durch die Lande tourt. Seit 2015 sind seine CD und ein brandneues Musical mit dem Titel *Verbotene Früchte* auf dem Markt.

Viola Eigenbrodt: Seit wann lebst du in Schwetzingen?

Jürgen Ferber: Nach 14 Jahren Köln zog ich 1998 nach Heidelberg und von dort 2002 nach Schwetzingen.

Was gefällt dir an der Stadt, und fühlst du dich wohl?

Auch wenn mir immer wieder mal das großstädtische Leben fehlt, fühle ich mich sehr wohl, weil es einerseits ein ehrliches Städtchen ist, das sich nicht als Weltstadt ausgibt (wie zum Beispiel Heidelberg), und andererseits aber genug Infrastruktur und Leben hat. Es ist nicht selbstverständlich, dass man in einem Städtchen dieser Größenordnung an einem Dienstagabend um 23 Uhr noch Menschen trifft und etwas zu essen bekommt.

Warum hast du dich für die Sängerkarriere entschieden?

Gesungen habe ich immer, es ist einfach eine meiner größten Leidenschaften. Vielleicht hat es damit zu tun, dass ich dabei in einem Umfang Emotionen fühlen und zeigen kann, wie es mir außerhalb der Musik lange nicht gelungen ist. Es bleibt für mich eine wunderbare

Art, mich den innersten Gefühlen zu stellen. Und schließlich ist es das, was ich am besten kann.

Bist du schon im Rokokotheater aufgetreten?

Ja, ich habe mehrfach mit meiner Nostalgiekapelle *Wilhelm Wolf & Die Möblierten Herren* dort gesungen.

Singst du manchmal Songs anderer Stilrichtungen?

Ich habe viele Richtungen gesungen und finde es immer spannend, Neues auszuprobieren. Meiner Meinung nach gibt es in jeder Sparte gute und schlechte Musik. Ich möchte immer versuchen, im Rahmen meiner Möglichkeiten das Bestmögliche aus dem jeweiligen Lied zu machen.

Gäbe es prinzipiell für dich eine andere Berufsoption?

Ich war zehn Jahre lang Geschäftsführer im Kulturmanagement, insofern fällt es mir nicht schwer, mir ein Berufsleben jenseits des Sängerdaseins vorzustellen. Aber ich mache ja beruflich wesentlich mehr als *nur* singen. Ich unterrichte gerne, schreibe Texte für mich und andere, komponiere, nehme in meinem Tonstudio professionell auf, fotografiere. Für mein Leben gilt wie für die Musik und das Theater: Es darf nur nicht langweilig werden!

Welche Projekte planst du als Nächstes?

Ab Januar 2016 werde ich Schuberts *Winterreise* singen. Daneben arbeite ich mit den *Möblierten Herren* an einem neuen Programm, das sich der Entwicklung der Moral zwischen den wilden 20ern und den prüden 50ern widmet. Der Arbeitstitel ist *Sex oder nie*. Die Reihe *Liederlicher Donnerstag* führe ich weiter und werde im Jahr 2016 ein neues Programm mit eigenen Liedern vorstellen unter dem Namen *SchönFERBERei*. Ein neues Musical ist ebenso in Arbeit.

MOSCHEE IM SCHLOSSGARTEN
68723 SCHWETZINGEN
WWW.SCHLOSS-SCHWETZINGEN.DE/GARTEN/ANLAGE/MOSCHEE

AUF 1

3

Sternenglanz in Schwetzingen

Physikerin Hanna von Hoerner wirkte am Schlossplatz 8

Mit 71 Jahren verließ die Physikerin Dr. Hanna von Hoerner den blauen Planeten für immer. Bestehen blieb ein Lebenswerk und eine Firma, die im Bereich der Astrophysik ihresgleichen sucht. Allein die Verbindung Frau und Physik stellt noch in unseren Tagen eine Besonderheit dar, denn Physikerinnen mit Erfolg und eigenem Institut kann man an einer Hand abzählen. Erstaunlich ist, dass Hanna von Hoerner bereits als junges Mädchen ihrer Leidenschaft für Elektrotechnik ungehindert frönen durfte.

Hanna wurde 1942 in Görlitz als erstes von drei Kindern des Radioastronomen Dr. Sebastian von Hoerner und seiner Frau Lisa geboren. Die Eltern, die beide aus künstlerischen und geistig flexiblen Familien entstammten, gaben ihren drei Kindern eine gute Ausbildung, Toleranz und Freiheit mit auf den Weg. Stets hatten sie Verständnis für deren Interesse. Bereits als 5-Jährige baute die kleine Hanna ein Radio. Unter der Aufsicht und stiller Bewunderung des Vaters entwickelte sie in ihrer Kindheit einen Oszillografen.

Hanna wurde vom Elternhaus stark geprägt. Sie liebte die gute Küche, große Gesellschaften und war eine gute Gastgeberin. In ihrem gemütlichen Wohnhaus, das sie mehrmals umgestaltete, hatte sie stets einen großen Freundeskreis um sich geschart.

Obwohl sie mit einem Rezept aus ihrer Heimat, dem »Schlesischen Gurkengulasch«, in einem Kochbuch vertreten ist, darf angenommen werden, dass sie ebenfalls das königliche Gemüse Spargel, für das Schwetzingen international berühmt ist, auf ihrem Speiseplan gehabt haben wird. Sicher hatte sie auch dafür ein ganz besonderes Rezept, mit dem sie ihre, oft recht zahlreichen, Gäste verwöhnte.

Die Familie, baltischer Adel, floh nach der Enteignung im Zweiten Weltkrieg vor den Russen nach Göttingen, wo Hannas Vater sein Studium aufnahm und bei Carl Friedrich von Weizsäcker über die Entstehung von Sternen und Kugelsternhaufen promovierte. Einflüsse auf das junge Mädchen kann man als gesichert annehmen, gingen doch in ihrem Elternhaus die Gelehrten aus und ein. Hanna wurde

Hanna von Hoerner liebte es, in einem ihrer Cabrios durch die Provence zu fahren

in Göttingen eingeschult, wechselte mit der Familie nach Heidelberg und besuchte dort das Gymnasium mit dem Abschluss Abitur.

1963 wanderte die Familie nach Green Bank/West Virginia, USA, aus. Dort, am *National Radio Astronom Observatory*, das damals über das weltweit größte Radioteleskop verfügte, fand ihr Vater als Radioastronom eine neue Aufgabe. Hanna arbeitete ebenfalls dort. Die interessante Arbeit des Vaters, inzwischen ein weltweit angesehener Wissenschaftler, vertiefte Hannas Interesse an der Elektronik, der Physik sowie den unerforschten Geheimnissen des Weltraumes.

1964 verließ sie Amerika, um an der Ruprecht-Karl-Universität in Heidelberg Physik zu studieren. Hanna von Hoerner promovierte am Max-Planck-Institut mit dem Thema »Erforschung der Ionosphäre mit Raketen« und wohnte in Schwetzingen. Möglicherweise entschied sie sich für diesen Ort, da er der Sommersitz des Kurfürsten Karl Theodor war, der sich sehr für Astronomie interessierte und in Mannheim eine Sternwarte mit Weltruhm besaß. An dieser Sternwarte beobachtete Christian Mayer die Wiederkehr des Halley'schen Kometen.

Schon während der Promotionsphase gründete Hanna von Hoerner in Schwetzingen – zusammen mit ihrem Studienkollegen Berthold Sulger – die erfolgreiche Firma von Hoerner & Sulger GmbH, die sich auf die Herstellung von Instrumenten zur Analyse von Kometenstaub spezialisierte. Dieses Unternehmen leitete sie jahrzehntelang und produzierte – in Zusammenarbeit mit dem Max-Planck-Institut – Staubanalysatoren zur Untersuchung des Halley'schen Kometen, für Raumsonden und für die Mission Rosetta zur Sonnensystemforschung.

Doch das ist nicht die einzige Glanzleistung der Physikerin: Ihre Firma, in die ihr Bruder später als Geschäftsführer einstieg, kann komplette Raumfahrtsysteme entwickeln und forscht seit 1989 im Bereich der Robotiksysteme. Das berühmteste seiner Art ist das ferngesteuerte Fahrzeug *Rover*, welches wir im Fernsehen bewundern konnten. Wer hätte damals gedacht, dass dieses in Schwetzingen hergestellt wurde. Der Firmenchefin bereitete die Beobachtung großes Vergnügen, wie *ihr* Rover auf dem Mars einen Steilhang hinaufkletterte, ohne Probleme die oberste Kante überwand und dann weiterrollte. In jedem echten Forscher steckt ein neugieriges Kind, ohne Verspieltheit findet man eben nichts heraus.

Es gab Zeiten, in denen es der Physikerin sogar fast unheimlich zumute war, denn ab und zu schlichen Geheimdienste um und in ihr Haus. Dies passierte in der Zeit des Kalten Krieges 1986. Kurz vor dem Reaktor-Unglück in Tschernobyl, das die Atmosphäre für immer und ewig verschmutzte, war eine Kooperation mit der Sowjetunion geplant. Die russischen Raumschiffe *Vega 1* und *Vega 2* sollten mit Kometen-Spektrometern der Firma von Hoerner & Sulger GmbH bestückt werden, zur Sonne und dann zum Halley'schen Kometen weiterfliegen – und das in einer besonderen wissenschaftlichen Mission. In einer ebenfalls *besonderen* Mission stand dann der Bundesnachrichtendienst in ihren Firmenräumen, was Unsicherheit bei den deutschen Teams auslöste.

Die Unternehmerin führte ihre Firma – die sie inzwischen alleine, ohne Berthold Sulger, leitete – sehr erfolgreich. Doch es gab

Neben alten Autos gehörte Hanna von Hoerners Herz ihrem Stubentiger

auch Zeiten der Rückschläge, die sie nicht selbst verschuldet hatte. Aus finanziellen Gründen wurden manche großen Projekte, in welche die Raumfahrtinstitutionen bereits drei bis fünf Jahre Entwicklungsarbeit investiert hatten, gestoppt. Doch sie gab nicht auf. Die Firma arbeitete weiter und verzeichnete großen Erfolg. Allerdings waren hierfür Entlassungen notwendig, viele schlaflose Nächte für eine stets verantwortungsbewusste Chefin.

Doch alle ihre Bemühungen, ihre 16-Stunden-Tage, ihr Herzblut, das sie in die Firma steckte, all das zahlte sich aus, nicht nur in Heller und Pfennig. Am 25. April 2009 erhielt Hanna von Hoerner die Verdienstmedaille des Landes Baden-Württemberg, mit den Worten, dass sie es verstehe, Menschen für die Weltraum-Technologie zu begeistern. Am 12. Juni 2013 folgte die Verleihung des Bundesverdienstkreuzes erster Klasse für die *Förderung der Raumfahrt und des Gemeinwohls des Landes.*

Um sich von all dem erholen zu können, fuhr die große, blonde Frau gerne ein Stück in den Süden, zu ihrem Ferienhaus in der malerischen Provence. Inmitten von Weinbergen träumte sie sicherlich in den nachtblauen Himmel des französischen Midi, der viel mehr Sterne zeigt als der lichtverschmutzte ihrer Heimatregion. Damit sie sogar in der Badewanne liegend freien Blick in das Firmament hatte, ließ sie ihr Domizil umbauen. In der Provence schöpfte sie Kraft für die anstrengende Arbeit, pflegte Freundschaften mit den Einheimischen, die sie alle liebten und schätzten.

Und dass die unendlichen Weiten eine ordnende Kraft besitzen, ein regulierender Wille, davon war die Wissenschaftlerin fest überzeugt. Allerdings nicht im kirchlichen Sinne, wie sie ausdrücklich betonte.

Viel ist sie in den 70er-Jahren gereist, hat beinahe den gesamten Erdball gesehen, außer von oben. Sie schloss überall Freundschaften, genoss es, mit anderen Nationalitäten zu sprechen, Neues zu lernen, sich mit anderen Mentalitäten auseinanderzusetzen, heiter und fröhlich zu sein – und immer hatte sie dabei auch ihre geschäftlichen Beziehungen im Auge.

Den Schwetzingern ist sie als ein heiterer und positiver Mensch in Erinnerung. Man sah sie oft in der Gegend auf Ausflügen mit einem ihrer Oldtimer, mit den Menschen redend, stets neugierig und weltoffen. Sie genoss die Ruhe der letzten Jahre ihres (Un)ruhestandes, denn einige Nachmittage war sie doch immer wieder in ihrer Firma, für sie ein Muss.

Bedauerlicherweise waren ihr nicht mehr Monde in ihrem aufregenden Leben gegönnt. Aber ganz sicher sitzt sie irgendwo auf einem Stern und beobachtet uns – mit einem Lächeln. Dr. Hanna von Hoerner starb am 4. Juli 2014 in ihrem Haus in Oftersheim in der Nähe von Schwetzingen, im Beisein ihres Lebensgefährten, ihres Bruders und einer ganzen Reihe von Freunden. Sie kämpfte fünf Jahre gegen ihre Krebserkrankung und gab bis zum Schluss die Hoffnung nicht auf, denn sie lebte gerne und intensiv.

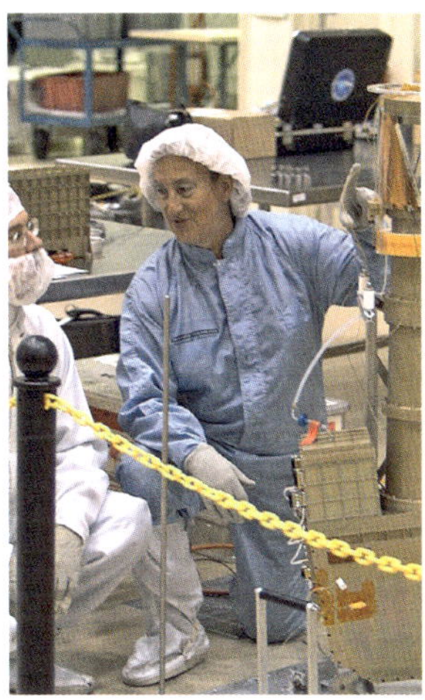

VON HOERNER & SULGER GMBH
SCHLOSSPLATZ 8
68723 SCHWETZINGEN

4 Wanderer zwischen den Welten

Frank Bürger sinniert gern am Apollontempel

Seit vielen Jahren pendelt Frank Bürger zwischen seiner Heimat Schwetzingen und der Hauptstadt hin und her. Den neuen Wohnort hat er zwar inzwischen lieb gewonnen, aber seine Wurzeln sind sehr stark. Zumal er seit einiger Zeit beruflich als Pressesprecher des Diakonischen Werks mit Baden verbunden ist, zu seiner großen Freude.

Der studierte Theologe und Journalist Frank Bürger, Ende 40, thematisiert gerne bei allen möglichen Gelegenheiten wie in privaten Gesprächen und in seinen Artikeln, was vielen anderen Menschen seines Alters durch den Kopf geht. Die Muße dazu nimmt er sich im Apollontempel im Schlossgarten. Zum Beispiel denkt er darüber nach, wie sich mehr Zeit mit den Eltern verbringen lässt, die hauptsächlich mit dem Älterwerden beschäftigt sind. Wie wird das aussehen, wird man Ausflüge in die Umgebung machen, Altes neu erkunden, Vergangenheit und Gegenwart vermischen? Spurensuche ist angesagt. Mit der neuen Arbeit unternahm er erste Schritte, sich durch sein Know-how wieder mehr in der Kurpfalz zu etablieren, auch in den neuen Medien, besonders im Bereich Social Media.

Da er den entsprechenden Abstand hat, kann er Schwetzingen mit anderen Augen sehen als die Einheimischen: Entwicklungen legen sich ihm schneller dar, Veränderungen zeigen sich offensichtlicher. Sowohl die politischen Verhältnisse haben sich geändert als auch die kulturelle Landschaft. Schwetzingen zwischen Stagnation und Fortschritt, eingebunden in die wirtschaftlichen Entwicklungen der Rhein-Neckar-Region, so empfindet er seinen Geburtsort.

»Ich beschäftige mich immer wieder mit unserem Park. Seinen Wandel der Jahreszeiten mit Fotos zu dokumentieren, bedeutet für mich ein intensiveres Eindringen in die Geschichte des Schlossgartens mit all seinen Facetten«, philosophiert er achtsam. Wie beispielsweise das Recherchieren nach der Bedeutung der vielen freimaurerischen Symbole und Zeichen, die im Schlossgarten zu finden sind. Mit einem Blog über den Schlossgarten und die Stadt geht er mit viel Freude innovative Wege. Dadurch ergeben sich ständig neue Kontak-

Frank Bürger in Aktion

te, neue Perspektiven, neue Literatur für den wissbegierigen Schwetzinger, der auch gerne singt.

Bereits im Kindergarten war der Junge durch seine Vorliebe für das Singen aufgefallen. Die Schwetzinger Bezirkskantoren bildeten in der Folgezeit wichtige Begleiter. Dazu kam in der Zeit am Hebel-Gymnasium das Trompetenspiel im Posaunenchor, bei einer Jazz-Formation mit dem Leiter der Musikschule Roland Merkel am Pult. Bis heute bewährt sich der Kontakt zu Musiklehrer Werner Boll, weit über den Unterricht hinaus. Er stellte für ihn den ersten und wichtigsten Berührungspunkt mit Bayreuth her, mit Richard Wagner.

Kontemplation fand der Gymnasiast im wunderbaren Schlossgarten, wenn er im Apollontempel Gesangstücke aus der Zauberflöte intonierte. Fasziniert war er, wie er immer wieder gerne betont, von diesem *Freilichtmuseum*, das der Kurfürst einst einrichten ließ, mit internationalem Flair, in französischem, englischem und polnischem Stil. Was ihn stolz macht: Der damalige Oberbürgermeister und spätere Finanzminister Gerhard Stratthaus übergab ihm die Johann-Peter-Hebel-Medaille aufgrund seines kulturellen Engagements.

Nach seinem Theologiestudium an der Ruprecht-Karls-Universität und dem Vikariat sah sich Frank Bürger jedoch nicht ausschließlich zum Pfarrer berufen. So kam es, dass er noch eine journalistische Ausbildung anschloss und ihn schließlich die Teilnahme an einem Kurs der Henri-Nannen-Schule in Berlin nach Schwedt zur Märkischen Oderzeitung rief. Zuständig war er dort in der Kulturberichterstattung für das Amt Gartz in der Uckermark.

Durch eine Recherche in Polen lernte er seine Frau Joanna kennen und lieben. Die Hochzeit konnte natürlich nur in der Heimat stattfinden, in der katholischen St. Josefskapelle unter dem Segen von Pfarrer Wolfgang Gaber und Wolfgang Stoll. Sie feierten, wie hätte es anders sein können, im Schlossgarten. Womit sich der Kreis in der Großen Kreisstadt wieder schloss. Vielleicht erfahren wir eines Tages durch Frank Bürger, was es mit den Freimaurerzeichen im weltlichen Park des weltberühmten Barockschlosses auf sich hat

Mit seiner Familie wohnt er in Berlin-Spandau, seine Eltern leben in der Lindenstraße am Ausgang des Schlossgartens. Ob er vielleicht doch wieder zurückkehrt, zur Perle zwischen Neckar und Rhein, wie er die Spargelstadt empfindet?

APOLLONTEMPEL IM SCHLOSSGARTEN
68723 SCHWETZINGEN
WWW.SCHWETZINGER-SCHLOSSGARTEN.DE/
APOLLOTEMPEL

5 Ein Schüler Kokoschkas

Maler Heinz Friedrich in seinem Atelier in der Oststadt

Heinz Friedrich umweht der Geist einer großen Zeit in der europäischen Malerei, da er einen der wichtigsten Künstler des Expressionismus und der Wiener Moderne, Oskar Kokoschka, noch persönlich kannte. Er durfte sogar sein Schüler sein. »Sehr begabt und aufnahmefähig, sollte in Deutschland gefördert werden«, urteilte der große Altmeister über Friedrich, der 1924 in Schwetzingen geboren wurde und die Stadt nie verließ, bis auf zeitweise Aufenthalte in der nahe gelegenen, malerischen Pfalz.

Er *konnte* nie etwas anderes als Kunst, von *wollen* war sowieso nie die Rede. Friedrichs Schwerpunkte bei figurativen Themen lagen auf Öl- und Aquarellmalerei, Zeichnungen und Druckgrafiken, jedoch wurde er auch für seine einzigartigen Stillleben und Landschaftsbilder bewundert. Dutzende von Einzelausstellungen kann er vorweisen. In der gesamten Region schätzt man den Maler.

Wie kam er zu seinem eigenen Stil? »Bei alten und neuen Meistern gelernt, habe ich mich an klaren Ordnungskriterien orientiert und immer meinen Augen vertraut. Die Thematik des Figürlichen ergab sich für mich von selbst. Die Gespräche mit Kokoschka, ein damals in den 50er-Jahren alter, großer Maler, bestätigten mich in meiner Auffassung durch sein Credo, dass das zentrale Thema allen künstlerischen Schaffens die menschliche Figur sei«, erzählt er.

»Der Faszination des Ästhetischen, des Dekorativen bin ich nie aus dem Weg gegangen, obwohl es in Deutschland oft verpönt war, sich dazu zu bekennen«, gesteht der Maler, der in der Tat oft der reinen *Dekorationskunst* bezichtigt wurde. Was ihn keinesfalls traktierte oder gar von seinem Weg abbrachte. Schließlich kaufte sogar die Villa Hammerschmidt Exponate.

Schon sehr früh zeichnete der kleine Heinz, gerade einmal fünf Jahre alt, seine Verwandtschaft mit Bleistift ab und wurde in dieser Zeit von einem aufmerksamen Lehrer als begabter Porträtkünstler den Schülern eines Gymnasiums vorgestellt. »Seit meiner Kindheit wollte ich nie etwas anderes als malen. Weil ich kein Abitur hatte,

Kunstwerk von Heinz Friedrich

wurde ich auf der Akademie nicht zum Lehrberuf zugelassen, und so fing ich als freier Maler an«, erzählt er in einem Lebensrückblick.

Dieser Wille muss schon bei dem Zehnjährigen stark ausgeprägt gewesen sein, denn er durfte in der Volksschule den regulären Zeichenunterricht verlassen, um auf eigene Hut unterwegs Architektur zu zeichnen. Dabei brachte er sich den Umgang mit der Perspektive selbst bei. Erste Preise hagelten bei Schulwettbewerben. Wie so oft waren auch bei Friedrich die Eltern der Meinung, der Knabe sollte etwas Vernünftiges lernen, weshalb der 14-Jährige eine Lehre bei der Stadtverwaltung begann. Sogleich wurde er mit zeichnerischen Aufgaben betraut.

1940, mitten im Krieg, fing er zusätzlich eine Maurerlehre an, die er 1942 abschloss. Aufgrund einer gleichzeitigen Weiterbildung als Bauzeichner durfte er als 17-Jähriger bei der BASF in Ludwigshafen sogar eine Baustelle betreuen. Doch traf auch ihn das Schicksal seiner Zeit. Gerade volljährig geworden, musste er zur Wehrmacht, wurde nach Russland abgestellt und kam kurze Zeit später, beinahe wie zum Ausgleich, nach Bella Italia. Sehr zu seinem künstlerischen Glück, weil dort erste Aquarelle entstanden. Sein Beschluss stand nun fest. Kein anderer Beruf. »Ich habe das Privileg gehabt und genossen, meine große Leidenschaft als freischaffender Künstler zu leben und zu überleben«, bestätigt der über 90-Jährige noch einmal.

Daher studierte Heinz Friedrich nach dem Zweiten Weltkrieg an den Akademien in Stuttgart und Karlsruhe bis 1949, als es ihn wieder zurückzog in das Land, in dem die Zitronenbäume blühen. Er reiste abenteuerlich, ohne Geld und Pass, was sein Leben nachdrücklich veränderte. Er wollte seine Lebenssituation, wie beispielsweise das beengte Zusammenleben mit seinen Eltern, unbedingt ändern. Der junge Mann erwarb mit Hilfe von Bank und Eltern ein Grundstück, auf das der gelernte Maurer eigenhändig Haus und Atelier stellte. Nun ging es los mit dem kreativen Erwerb des Lebensunterhalts: Er malte und musizierte, mit Erfolg. Im bekannten Zimmertheater in Heidelberg arbeitete er als Bühnenbildner. Er heiratete 1957 Helga Winkelmann, mit der er bis zu ihrem Tod 2012 beinahe 60 Jahre zusammenlebte. Aus der Ehe gingen zwei Söhne hervor.

»Ich denke, als Künstler ist es eher ungewöhnlich, ein so diszipliniertes, konservatives und wenig ausschweifendes Leben gelebt zu haben. Für mich ist der wahre Reichtum im Leben die Armut an Bedürfnissen«, reflektiert der Maler und verrät damit einen wichtigen, fast geheimen Aspekt seiner Welt. Auf der Hochzeitsreise nach Südafrika stellte er so erfolgreich aus, dass das junge Paar durch nachfolgende Porträtaufträge den Aufenthalt um sechs Monate verlängern konnte. Südafrika packte ihn, er reiste immer wieder ans Kap der guten Hoffnung.

Sein erster Sohn kam 1961 auf die Welt. Im gleichen Jahr tritt Friedrich, der sich gerne in der Pfalz aufhält, als Mitglied der Pfälzer Künstlergenossenschaft bei. Wie er die oft wenig schmeichelhafte Meinung der Presse ertrug, erklärt der Vollblutmaler in seiner künstlerischen Retrospektive. »Es ging mir nie um ein bequemes Anpassen an eine gerade favorisierte Richtung. Ich wollte mich nie wegen irgendeines Zugeständnisses korrumpieren lassen. Im Gegenteil, auf meine Art will ich beweisen, dass das Bekenntnis zu Tradition und überliefertem Kulturgut immer wieder möglich ist. Meine Kraft, Ausdauer und Disziplin, die vielen Bilder zu erschaffen und zu verkaufen, will ich an dieser Stelle selbstbewusst erwähnen; in diesem Sinne bin ich sehr dankbar.«

In den 60er-Jahren folgt ein zweiter Sohn, Johannes, der 2013 die Betreuung des künstlerischen Lebenswerks übernahm. 1970 wurde Heinz Friedrich Mitglied der Internationalen Vereinigung der

Gemälde von Heinz Friedrich

Holzschneider *Xylon*, die in Schwetzingen ein renommiertes Museum führt, und in den 80er-Jahren ein geachteter und gut gekaufter Maler. Sogar einen Film drehte man über ihn, erste Monografien erschienen. Über einen Galeristen wird er auch in der Schweiz erfolgreich. Schließlich verlieh die Stadt Schwetzingen dem anerkannten Künstler 1994 zu seinem 70. Geburtstag die seltene Karl-Theodor-Medaille.

Inzwischen kann er sich die Freiheit nehmen, nicht mehr nach Aufträgen zu arbeiten. Seine Kinder stehen auf eigenen Füßen, die Rente ist gesichert, die Ausstellungen werden auf die Region reduziert. 2004 ehrte ihn die Stadt Schwetzingen zu seinem 80. Geburtstag mit einem großen Fest, auf dem zahlreiche Offizielle wie Stadträte, Vertreter der Kunstszene, Förderer und Sammler sowie Freunde aus Rheinland-Pfalz, Hessen und Baden-Württemberg seine großen Verdienste würdigten. Stetig arbeitete er weiter, fertigte eine Sepp-Herberger-Büste für den Mannheimer Unternehmer Curt Engelhorn, malte Berlinansichten auf Besuchen bei seinem Sohn Johannes. 2012 musste er den Tod seiner Frau Helga verschmerzen. Vor einigen Jahren richtete die Stadt für ihn eine Sammlung in Schwetzingen ein; ein genauso wichtiges Erlebnis wie sein 90. Geburtstag im Palais Hirsch mit nahezu 1.000 Besuchern.

Warum ist der Künstler letztlich in Schwetzingen geblieben? »Das Klima der Rheinebene, die Nähe zur Vorderpfalz (als italienische Ecke Deutschlands bezeichnet), der Odenwald, der Kraichgau. Die Rheinauen, die schönen Städte Speyer, Heidelberg«, schwärmt er heimatverbunden. »Ich liebe den Schlossgarten, den Schlossplatz, die Oststadt, die Sternallee, das *Blaue Loch.* Ja, ich fühle mich sehr wohl in der Stadt, in der ich mein Leben lebte und viele gute Freunde habe, die sich – jetzt im Alter immer wichtiger – um mich kümmern.«

Mit der *Sammlung Heinz Friedrich,* die im Rathaus genau den richtigen Platz gefunden hat und nun allen interessierten Bürgern zugänglich ist, wird er für immer mit seinem Lieblingsort verbunden bleiben. Er hat noch einiges vor, vor allem gesund zu bleiben, sich die Lust am Leben zu erhalten und, wie könnte es anders sein, eine neue Ausstellung zu realisieren. Ich habe noch eine letzte Frage an ihn: »Sie haben sich mit Ihrer Arbeit einen Lebenswunsch verwirklicht. Sind Sie schon angekommen, oder bleibt da noch Platz für Träume?« Die Antwort ist wenig überraschend: »Ich bin als Künstler angekommen. Bin meiner Vorstellung von qualitativ hochwertiger Malerei treu geblieben. Mein Traum ist es, dass im heutigen Kunstbetrieb sich mehr objektive Qualitätskriterien durchsetzen. Ansonsten hoffe ich jetzt, dass die Träume meiner Kinder und Enkel sich verwirklichen.«

ATELIER HEINZ FRIEDRICH
RICHARD-WAGNER-STRASSE 30
68723 SCHWETZINGEN

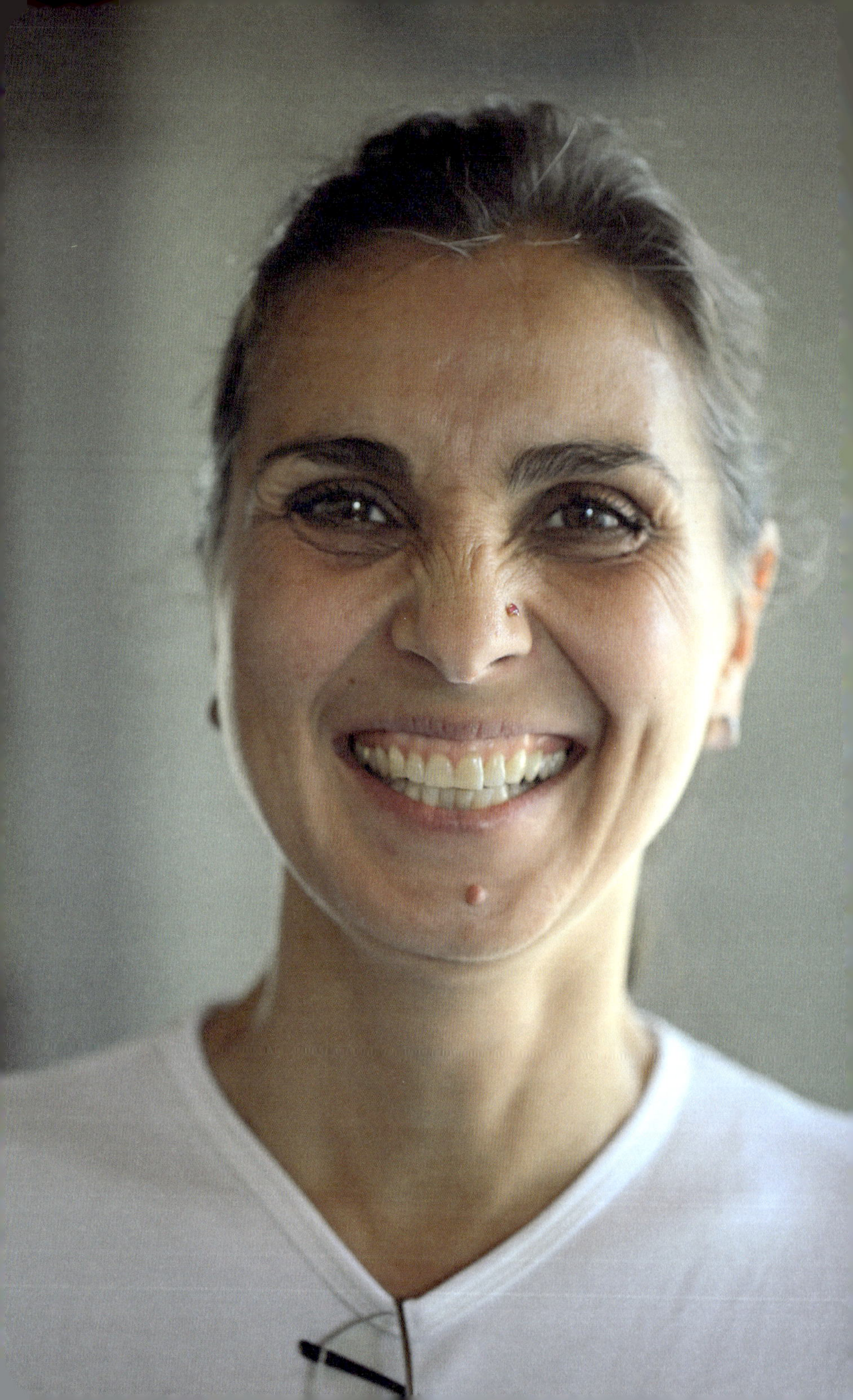

Ihr Strahlen sendet Sunita Mitters Botschaft an jeden, der ihr in die Augen schaut: Glück kann man lernen, und das besonders gut auf dem Rücken eines Pferdes. Dass sie keine deutsche Walküre ist, erkennt man ebenfalls sofort, wenn man ihr (nicht nur) auf dem Waldweg Sternenallee begegnet. Die Kurpfälzerin hat indische Wurzeln und spricht sogar Hindi, neben perfektem Deutsch und Englisch.

In ihrer Kindheit hatte die Mittvierzigerin eine Lieblingsfernsehserie: *Der Doktor und das liebe Vieh*. Vielleicht eine kleine Vorprägung ihrer Leidenschaft in Sachen Pferde. Für ihre Arbeit als Coach hat sie klare Maximen: Der Mensch soll gleichzeitig als Individuum und Teil eines sozialen Gefüges und der Gesellschaft betrachtet werden, woraus sie insgesamt fünf Prinzipien ableitet. Wendet man diese an, so sollte der Umgang beruflich wie privat einfacher werden, zufriedener machen: Mit einem Perspektivwechsel ist es schon getan, verrät die kluge Frau und erinnert an einen alten Sinnspruch: Fehler sind dazu da, um aus ihnen zu lernen.

Sind nicht gerade Pferde für ihren achtsamen Umgang untereinander bekannt? Wie gut das passt. In ihrem Stall vor den Toren der Spargelstadt hilft die sozial engagierte Sunita Mitters Menschen mit Problemen. Seit 1996 unterstützt sie mit ihrer Familie im indischen Geburtsort ihres Vaters im Panjab Kinder und Jugendliche aus einkommensschwachen Familien. Sie erreichten so viel für die Kinder, dass dem Projekt durch die Verleihung des Mittelstandspreises für soziale Verantwortung des Landes Baden-Württemberg Anerkennung wiederfuhr.

Viola Eigenbrodt: Frau Mitter, wie stark sind Sie emotional mit Schwetzingen verbunden?

Sunita Mitter: Nach vielen Jahren in Hamburg und Hannover zog es mich wieder zurück in die Kurpfalz. Ich freue mich, wieder in Schwetzingen zu leben, wo ich eine schöne Kindheit verbrachte. Anfang der 70er-Jahre hatte meine Mutter ihre Assistenzarzt-Zeit

Sunita Mitter liebt edle Rösser

und ihre Chirurgen-Ausbildung im städtischen Krankenhaus in Schwetzingen absolviert. Das zu einer Zeit, in der weibliche Chirurgen noch ungewöhnlicher und unerwünschter waren als heute.

Wenn ich aus der Haustür gehe, schaue ich direkt auf den Reitverein Schwetzingen. Bevor ich eigene Pferde hatte, war ich in diesem Reitverein und hatte eine Reitbeteiligung. Der Reitverein Schwetzingen liegt zudem im Schwetzinger Wald. Dort bin ich als Kind, Jugendliche und junge Erwachsene viel mit dem Fahrrad und später mit dem eigenen Pferd und Hund unterwegs gewesen. Und natürlich der Schlossgarten, der Schlossplatz und seine tollen Restaurants und Cafés. Als ich Abitur machte, war das Kaffeehaus schon ein beliebter Treffpunkt und der Schlossgarten lud ebenfalls damals mit der malerischen Schloss- und Gartenanlage zum Schlendern und Verweilen ein.

Welches ist das wichtigste Erlebnis in Ihrer Schwetzinger Zeit?

Das wichtigste Erlebnis war meine Entscheidung, in die Selbstständigkeit zu gehen. Seit nunmehr acht Jahren berate, coache und trainiere ich Mittelständler im Bereich Personalmanagement sowie Personal- und Organisationsentwicklung.

Gäbe es prinzipiell noch eine andere Berufsoption?

Ja, Tierärztin.

Mögen Sie Spargel und gibt es ein besonderes Rezept?

Ja, ich liebe Spargel! Mein Lieblingsrezept ist eines, das für weißen, aber auch für grünen Spargel anwendbar ist: Mit Parmesan gratinierter Spargel mit Kirschtomaten, schwarzen getrockneten Oliven und feinem Olivenöl. Dazu frisches Baguette und ein schönes, kühles Glas Weißwein.

Wie sehen Ihre nächsten Projekte aus?

Ich möchte unbedingt mal eine Spargel-Wanderung mit Weinprobe mitmachen.

Was hat Sie besonders beflügelt, zwischen Schloss und Spargel einen so erfolgreichen Weg zu gehen?

Ich bin fest davon überzeugt, dass meine Biografie der Grundstein für meinen Werdegang war und ist. Ende der 70er-Jahre war es nicht selbstverständlich, als Kind einer bikulturellen Ehe und Partnerschaft beispielsweise eine Empfehlung für das Gymnasium zu erhalten und ein Studium zu absolvieren. Gerade die dörflichen Grundschulen haben Kindern von Migranten und aus »Mischehen« teilweise große Steine in den Weg gelegt. Diese Erfahrung prägt. Sie macht stark, ausdauernd und konsequent. Für mich war das die Grundlage meines Erfolgs!

WALDWEG STERNALLEE
68723 SCHWETZINGEN

Schwetzinger
Spargelkönigin

7

Wenn der Lenz da ist

Spargelkönigin Katharina genießt in der Invalidengasse

Königinnen gibt es in Deutschland wie Sand am Meer, besonders in der Kurpfalz, wo es an Weinköniginnen nur so wimmelt. Doch Schwetzingen hat etwas Besonderes: eine Spargelkönigin. In den Jahren 2015 und 2016 übte die hübsche Katharina Becker das hohe Amt aus. Zwar ist sie in Heidelberg geboren, doch besuchte sie ab 1996 in ihrer jetzigen Heimatstadt Grundschule und Gymnasium – und hat in Schwetzingen geheiratet. Im Schloss, wo sonst. Wenn sie ihren Bachelor in der Tasche hat, geht es für die Mitte Zwanzigjährige ins Berufsleben, möglichst in der Region.

»Das wichtigste Erlebnis, das ich mit Schwetzingen verbinde, ist meine Ernennung zur Spargelkönigin. Dadurch fühle ich mich noch verwurzelter mit dieser Stadt«, bekennt die junge Frau. Für sie hat Schwetzingen den Charme einer Kleinstadt, in der niemand etwas missen muss. Schon als Kind schätzte sie es, dass die Kreisstadt alles hat, sei es ein Schwimmbad oder Kino. Katharina liebt die alten Gebäude. Häuser und Plätze haben für sie vielerlei Geschichten zu erzählen.

Ihr Lieblingsplatz ist das Anwesen ihrer Eltern in der Invalidengasse, seit vielen Generationen schon. Da lebt die gesamte Familie zusammen mit Onkel, Tante, Cousinen, Cousins und den Großeltern. Es ist ihr Rückzugsort und ihre Oase. In der Invalidengasse genießt die Verwandtschaft vollzählig am Sonntag das Mittagessen. In der Spargelzeit verkaufen sie Spargel und im Sommer sitzen alle im Hof und grillen. Dass die Spargelkönigin das königliche Gemüse liebt, steht selbstverständlich außer Frage. Dafür braucht sie noch nicht einmal ein besonders Rezept, nur eins muss sein: die Sauce Hollandaise dazu.

INVALIDENGASSE
68723 SCHWETZINGEN

8 In Bälde bei Welde

Inhaber Dr. Hans Spielmann braut auch im Welde-Stammhaus

Ihn können keine Bierfässer, keine spießigen Bedenken aufhalten, wenn er sich etwas vorgenommen hat. Und wenn er eine Idee entwickelt, hindert ihn kein »des isch so und des bleibt so« daran, scheinbar verrückte Konzepte auszubrüten, die auf den ersten Blick so gar nichts mit der hohen Kunst der Bierbrauerei zu tun haben. »Der Beruf des Bierbrauers macht mir große Freude, weil Bier ein fantastisches Genussprodukt ist und die Liebhaber unseres Gerstensaftes aus allen Schichten und Berufsgruppen kommen«, sagt einer, der es wissen muss.

Um wen es geht? Um einen Traditionsbehafteten und gleichzeitig um einen der innovativsten Bürger dieser Stadt: Welde-Chef Dr. Hans Spielmann. Seine emotionale Verbundenheit mit Schwetzingen ist daher tief.

»Die Geschichte meiner Familie ist aufs Engste mit Schwetzingen verbunden. Unsere Brauerei würde wohl nicht existieren, wenn nicht Kurfürst Karl Theodor vor über 250 Jahren Schloss und Schlossgarten errichten ließ und damit für einen umfassenden Aufschwung des damals sehr kleinen Ortes sorgte. Noch heute profitieren wir Schwetzinger von der Attraktivität der Stadt und genießen die hervorragende Lage«, erklärt er nicht ohne Stolz. Außerdem ist dem versierten Hausherrn der Wohlfühlcharakter seiner Heimatstadt wichtig.

»Besonders freue ich mich, wenn wir Schwetzinger gute Gastgeber sind, Gäste von nah und fern zu uns kommen und sich bei uns wohl fühlen. Sei es bei Stadtfesten, Konzerten, zur Spargelzeit oder einfach so, auf ein Bier. Solange diese Gäste zu uns kommen, haben wir wohl vieles richtig gemacht.« Nebenbei schätzt er nicht nur sein Bier, das Schwetzingen eng mit ihm verbindet, sondern noch eine ganz andere Spezialität, die aber nichts mit der Firma Welde zu tun hat. »Ich kann es kaum erwarten, bis die Spargelsaison losgeht und meine Frau Stangenspargel mit einer Sauce Hollandaise nach altem Familienrezept zubereitet. Das Geheimnis ist, dass die Hollandaise immer gelingt und nie gerinnt – wie das geht, ist aber Familienge-

Spielmann und sein Bier

heimnis.« Schade, gerade dieses Geheimnis hätten wir doch zu gerne gelüftet.

Um zu begreifen, wie er wurde, was er ist, müssen wir das Buch der Familienchronik aufschlagen. Die Firma Welde spekuliert gerne oder kokettiert mit dem Gedanken, der lebensfrohe Kurfürst habe dem Durst der vielen Arbeiter Rechnung getragen, die sein Rokokotheater bauten, das in Wirklichkeit frühklassizistisch ist, als er im Jahre 1752 dem Bierbraumeister Heinrich Joos eine Lizenz erteilte. Fakt jedoch ist, dass damals am 1. Mai, als es den Tag der Arbeit noch nicht gab, das erste Fass mit köstlichem Gerstensaft angestochen wurde. Eine gute Quellenlage aus dieser Zeit gibt es nicht. Joos hatte wohl kaum mehr als eine kleine Hausbrauerei in der Neuen Mannheimer Straße. Noch heute gibt es das Bauwerk, das sich den Namen *Welde Stammhaus* erwarb.

Knappe 100 Jahre später führte ein gewisser Heinrich Seitz die Brauerei, auch während seiner Zeit bleiben die schriftlichen Quellen größtenteils stumm. Festgehalten ist nur, dass er am 7. November das Haus, zu dem eine Gastwirtschaft gehörte, übernahm. Sie hatte den hübschen Namen *Grünes Laub*. Eine Wirtschaft *Grüner Baum* gibt es übrigens bis heute in Schwetzingen.

Laut der Firmenchronik kamen die Gäste damals von weit und fern, aber auch direkt aus der Nachbarschaft, um ein sonntägliches Bierchen nach der Kirche zu schlürfen. Das Geschäft blühte, Heinrich Seitz konnte und musste sogar die Brauerei erweitern, mit tatkräftiger Hilfe der Ehefrau Anna. Nach dem Ausbau übergaben die Eheleute ihrem Sohn Georg ein gemachtes Nest, der es erfolgreich führte, jedoch frühzeitig 1885 starb. Nun kam der Name Welde zum ersten Mal ins Spiel, denn die Witwe Barbara heiratete drei Jahre später den Braumeister Johann Welde. Gemeinsam machten sie das *Grüne Laub* so beliebt, dass sich noch heute alteingesessene Schwetzinger an Anekdoten aus dem Wirtshaus erinnern, die von Mund zu Mund ihren Weg bis in die Gegenwart fanden.

Bis zum Ausbruch des Ersten Weltkriegs lief es perfekt für die Brauerei. Schon damals zeigte sich ein innovativer und mutiger Geist in der Familie, denn Johann schaffte LKWs an, als die anderen noch lange mit Pferdewagen auslieferten. Wie überall im Land brachte der Krieg Unglück über die Familie. Der Sohn und Erbe Bernhard fiel gleich zu Beginn 1914 in Frankreich.

Weil Gerste nun vor allem der Brotgewinnung diente, gingen den Brauern die Rohstoffe aus. Welde probierte es mit Dünnbier, womit er sich über Wasser hielt. Dem Sohn folgte wenige Jahre später der Vater in den Tod. Noch bevor der Krieg 1918 zu Ende war, standen Chefin Barbara, Tochter Elisabeth und drei Arbeiter alleine da. Doch schien der Brauerei in der Mannheimer Straße Fortuna hold zu sein. 1919 kam Hans Hirsch, seines Zeichens Braumeister, auf der Walz nach Schwetzingen, sah Elisabeth Welde – und es war um ihn geschehen. Nachdem sie geheiratet hatten, gelang es dem Paar, die Firma erneut zu einer Marke zu machen, erheblich zu vergrößern sowie den Bierausstoß zu steigern.

Chef Hirsch baute schließlich 1934 die Brauerei völlig um, sodass die Kapazität um ein Vielfaches stieg. Und wieder schlug das

Beim Verarbeiten von Hopfen

Schicksal zu, der einzige Sohn fiel in Afrika. Zwar blieb der Betrieb während des Krieges unzerstört, doch mussten die Hirschs nach 1945 wieder neu anfangen, unterstützt von ihrer Tochter Bärbel. Sie war die Erste, die keinen Brauer heiratete, sondern 1950 einem Betriebswirt ihre Hand reichte, der anschließend erfolgreich ins Geschäft einstieg. Nach kurzer Zeit erweiterte Welde die Lagerkapazität. Neun Jahre nach der Hochzeit verlor er seinen Seniorchef. Wilhelm Spielmann übernahm die Leitung und verpflichtete sich der Tradition. Ein neuer Brunnen schenkte gutes Wasser und bescherte der Firma Preise und Anerkennungen. Da der Ausstoß wiederum stieg, entschied sich Spielmann für einen kompletten Neubau.

Auf Feldern, die einst Hopfen und Gerste trugen, wurde eine neue Mineralwasserquelle entdeckt. Genau dort entstand das neue Weldebräu. Vollendet im Jahr 1981 zählt die Brauerei zu den modernsten in Europa. Mit Folgen. Denn seit Mitte der 80er-Jahre führt Sohn Dr. Hans Spielmann das Geschäft und gibt sich konsequent seinen völlig neuartigen, kreativen Eingebungen hin. Von vielen belächelt traute er sich, ein gezacktes Flaschendesign einzuführen, das er als »tanzend« bezeichnete, dazu passend die Gläser. Seine Vorahnung täuschte ihn nicht, denn die Gestaltung schlug besonders beim jungen Publikum an und verjüngte das Image der Traditionsbrauerei um Jahrzehnte. Doch damit nicht genug. Der Geist Spielmanns – ob's vom Bier kommt? – sprudelte weiter, bis ein Kunstpreis ins Leben gerufen wurde. Dieser bewirkt, dass jährlich wechselnde Künstleretiketten die sogenannten *Weldelust-Flaschen* in einer limitierten Zahl verschönern.

Last not least durfte sich die Brauerei im Jahr 2002 zum 250-jährigen Bestehen gratulieren, in einem großen Feierlichkeiten-Parcours über mehrere Monate. Spielmann feierte kürzlich seinen 60. Geburtstag, und ist noch immer kein bisschen leise.

»Mein Lieblingsplatz ist, wie kann es anders sein, natürlich der Schlossplatz. Immer, wenn ich von einer längeren Reise zurückkomme, tauche ich ein in die weltoffene, gastfreundliche Stimmung«, resümiert der Clan-Chef. Man kann ihm da nur zustimmen. Und niemals könnte er, auch nicht im Ruhestand, diesen Ort verlassen. Er verrät warum: »Schwetzingen ist die perfekte Stadt zum Leben. Für Jung und Alt ist alles vorhanden, Heidelberg und Mannheim sind schnell zu erreichen und auch Frankfurt und Stuttgart sind nah. Für die Freizeit ist im Umfeld fast alles geboten. Das Beste sind natürlich die großzügigen und unverfälschten Kurpfälzer.«

Damit in Zukunft dies alles quasi beim Alten bleibt, will er umbauen. Die Räumlichkeiten des Stammhauses in Schwetzingen sollen den heutigen Anforderungen angepasst werden, damit der Charakter eines Treffpunkts gewahrt bleibt. Einer seiner größten Wünsche, neben dem einen, dass er als Kurfürst Schwetzingen noch prunkvollere Festspiele schenken würde, ist, dass in Bälde einer seiner beiden Söhne die Firmenleitung übernimmt. »Ein Schwetzinger Familienbetrieb in neunter Generation – das wär schon was«, meint der Vater der Familie lächelnd. Dem steht sicher nichts im Wege.

WELDEBRÄU GMBH & CO. K
WELDE STAMMHAUS
MANNHEIMER STRASSE 2A

9 Musik berührt und verbindet Menschen

Sänger Dominik Steegmüller in der Alten Wollfabrik erleben

Musik umgibt den Sänger Dominik Steegmüller schon, seit er denken kann. Der gebürtige Mannheimer lebt seit vielen Jahren in der Festspielstadt Schwetzingen. »Ich hegte durchaus den Wunsch, Musiker zu werden. Aber die anerzogene Skepsis und die Angst, nicht zu genügen oder nicht davon leben zu können, haben mich von dem Vorhaben abgehalten. Über Umwege bin ich letztlich doch bei der Musik gelandet«, erklärt der junge Mann. Mit zwölf Jahren wurde er Keyboarder der ersten eigenen Band, später kam der Gesang hinzu.

Doch zunächst vertraute er seinem Talent nicht so richtig. Bis ihm klar wurde, dass der eingeschlagene Weg nicht der seine war. »Ich habe alles zusammengekratzt, was ich an Mut finden konnte, und habe schlichtweg mein Leben geändert«, konstatiert er. »Ich musste nochmal von vorne angefangen. In dieser Phase meines Lebens entstand der Text zu dem Song ›Was ich will‹.« Da er das Singen von ganzem Herzen wollte, entwickelte sich ein begabter Popsänger, der die Stadt bereichert. Auch im Rokokotheater trat er schon auf. Er fühlt sich inzwischen wohl, verwurzelt sogar. »Mir gefällt an Schwetzingen, dass es kulinarisch und kulturell trotz der kleinen Größe viel zu bieten hat. Außerdem habe ich es immer genossen, auf dem Weg zum Schlossplatz durch den Schlossgarten zu spazieren«, berichtet Steegmüller im Café mit Blick auf das Schloss.

Seit einigen Jahren veranstaltet er mit seiner Band *The News* den *Tuesday Night Live* in der Alten Wollfabrik. Mit deren Wiederbelebung und aufwendigen Renovierung ist eine Top-Location in Schwetzingen entstanden, für Events vieler Art.

ALTE WOLLFABRIK
MANNHEIMER STRASSE 35
68723 SCHWETZINGEN
WWW.ALTE-WOLLFABRIK.DE

10

Karl Theodor on his mind

Landesschlossverwalter Andreas Falz liebt das Hofgärtnerhaus

Was wäre Schwetzingen ohne den großen Kurfürsten, seinen Hof, das Schloss und den berühmten Garten? Darüber schweigt besser des Sängers Höflichkeit. Andreas Falz erklärt, dass den Bürgern der Stadt bis in die 80er-Jahre dieser Umstand gar nicht so bewusst war. Dann kam er, der Geschäftsführer für Verwaltung und Objektmanagement der Staatlichen Schlösser und Gärten Baden-Württemberg (SSG), zuständig für 59 Schlösser, Burgen, Gärten und Klöster in ganzen Ländle, und kümmerte sich um das historische Erbe.

Geboren 1953 in Heidelberg studierte Falz Jura und fand nach dem zweiten Staatsexamen den Weg in die Liegenschaftsverwaltung des Landes. Der Schlossgarten befand sich damals in keinem guten Zustand, wäre beinahe geschlossen worden. Die Bäume waren seit Jahren nur nach den Richtlinien des Forstamts behandelt worden. Dem Park kam immer stärker sein barockes Gesicht abhanden. Andreas Falz ließ die altehrwürdigen Bäume zwar auch beschneiden, legte aber zum Beispiel die für die Architektur der Anlage so wichtigen Sichtachsen frei. Ein Grundstein für die Wiederbelebung des Barocks nach Originalplänen war gelegt. Ein Umstand, der den Garten heute für so viele Gäste attraktiv macht.

2009 wurde Falz als stellvertretender Geschäftsführer berufen und bekleidet seit 2013 seine jetzige Position. Traumhaft ist sein Wohnsitz. 1988 durfte Familie Falz in das ehemalige Hofgärtnerhaus des Schlosses ziehen, wo er mit seiner Frau den tagtäglichen einmaligen Ausblick genießt. 2014 erhielt er die recht selten verliehene Karl-Theodor-Medaille der Stadt. Der Bewohner des Hofgärtnerhauses ist ein richtiger Schwetzinger geworden, mit Leib und Seele.

Viola Eigenbrodt: Welches ist Ihr wichtigstes Erlebnis in Ihrer Zeit in Schwetzingen?

Andreas Falz: Ich hatte das Glück, sehr vielen interessanten Persönlichkeiten durch meinen Beruf zu begegnen. Was mich vielleicht am meisten beeindruckte, war die Begegnung mit Friedrich Dürrenmatt, dessen Bücher ich in der Schule gelesen hatte. Zusammen mit Herrn Stratthaus durfte ich mit dem Schriftsteller ein unvergessenes Mittagessen erleben. Als weiteren Höhepunkt meiner dienstlichen Laufbahn werde ich immer den UNESCO-Weltkulturerbe-Antrag Schwetzingens 2012 betrachten, den ich in St. Petersburg mit der deutschen Delegation vertreten durfte – auch wenn der Antrag scheiterte.

Eine marmorne Schönheit im Park

Gibt es etwas, was die Öffentlichkeit gar nicht über Sie weiß?

Ich habe ein wunderbares altes Häuschen in einem südfranzösischen Dorf mit unverbaubarem Blick über die Weinberge bis zum Mittelmeer … Dort sitze ich gerne mit einem Glas Rotwein, einer richtig fetten karibischen Zigarre und einem guten Buch!

Was gefällt Ihnen an Schwetzingen?

Schwetzingen bildet durch Schlossplatz, Schloss und Schlossgarten ein einmaliges Ensemble mit mediterranem Flair, ein Ort mit überdurchschnittlich ausgeprägtem Kulturangebot und einer hohen Lebensqualität.

Gäbe es prinzipiell noch eine andere Berufsoption?

1998 habe ich mich ja als Oberbürgermeister in Schwetzingen beworben und bin nur erstaunlich knapp nach einem Miniwahlkampf gescheitert. Darüber bin ich sehr schnell weggekommen, denn eigentlich wollte ich von meinen geliebten Schlössern und Gärten nie wirklich weg. Und am Ende des Berufswegs möchte ich auch nichts anderes mehr.

Mögen Sie Spargel und gibt es ein besonderes Rezept?

Ich mag ihn nicht nur, sondern ich liebe Spargel geradezu. Spargelspitzen der Sorte *Schwetzinger Meisterschuss* mit Räucherlachs und Sauce Hollandaise sind meine Passion. *Schwetzinger Meisterschuss* ist die Spargelurpflanze, die im Hofgärtnerhaus, in dem wir wohnen dürfen, um 1900 vom Gärtnermeister Unselt kultiviert wurde und dann ihren Gang in die Welt antrat. Heute wird diese Sorte nur noch selten angebaut, da sie nicht so ertragreich sei, aber in Schwetzingen gibt es diese schmackhafte Sorte zumindest noch bei Familie Fackel-Kretz.

Nächste Projekte?

Die SSG sind ein kreatives Team, das ständig und nimmer müde neue Anlässe schaffen möchte, um unsere Gäste zu wiederholten Besuchen zu animieren. Das gilt landesweit für all unsere Monumente, die wir verwalten. In Schwetzingen werden wir nach Ende der Fassadensanierung am Hauptgebäude das zurzeit leer geräumte Schlossmuseum wieder komplett einrichten, rechtzeitig zum 1250. Stadtjubiläum im Jahre 2016.

Sie haben sich mit Ihrer Arbeit einen Lebenswunsch verwirklicht. Sind Sie schon angekommen, oder bleibt da noch Platz für Träume?

Ich konnte tatsächlich in meinem langen Berufsleben speziell in Schwetzingen vieles gestalten und umsetzen und bin stolz darauf, wie sich Schloss und Schlossgarten heute präsentieren. Dieses hohe Pflegeniveau auf Dauer halten und finanzieren zu können, ist Traum genug und Verpflichtung für alle Landesregierungen gleich welcher politischen Richtung.

Schwetzingen ist eine gerne besuchte Stadt mit Flair. Denken Sie, dass Schwetzingen Ihnen in diesem Punkt bei der Verwirklichung Ihrer Ziele in ausreichendem Maße entgegenkam und -kommt?

Die Schwetzinger Bürger haben Anfang der 80er-Jahre nicht verstanden, dass der Schlossgarten nicht nur ihr Stadtgarten ist, sondern ein international hochwertiges Gartendenkmal, das es herauszuarbeiten galt. Die Verantwortlichen der Stadt haben alle gartendenkmalpflegerischen Maßnahmen stets mitgetragen. Sie freuten sich über die *neuen* Veranstaltungen wie die Open-Air-Konzerte sowohl der Klassik als auch der Popmusik, auch wenn diese anfänglich höchst umstritten waren. Zu unserem gemeinsamen Weltkulturerbe-Antrag hat

Der Schlossgarten Schwetzingens gehört zum Verband Staatlicher Schlösser und Gärten Baden-Württemberg

die Stadt ihren guten Beitrag geleistet und beispielsweise den Schlossplatz verkehrsberuhigt und neu gestaltet, sodass ein wunderschönes Ensemble im Herzen der Stadt entstand.

Was hat Sie besonders beflügelt, zwischen Schloss und Spargel einen so erfolgreichen Weg zu gehen?

Ich bekam nach meinem zweiten Juristischen Staatsexamen diesen Job quasi aus heiterem Himmel und war mit 28 Jahren plötzlich Chef einer damals noch großen Mitarbeiterschar. Ich hatte das Vertrauen meiner Vorgesetzten bis hoch zum jeweiligen Finanzminister, die den Umbruch der Schlossverwaltung Schwetzingen von der reinen Verwaltung hin zum modernen Dienstleistungsbetrieb für die Besucher mit Wohlwollen begleiteten. *Mein* Lichterfest in Schwetzingen habe ich 30 Jahre lang selbst organisiert und mit den Frauen und Männern im Schlossgarten umgesetzt. Ich hatte immer schon ein wunderbares Team. Schwetzingen war immer das positive Beispiel im Lande. Motivation durch Vertrauen, das ich nutze und hoffentlich nie enttäusche.

Wie sehen Sie sich und Ihre Arbeit im Kontext von regionaler Stadtentwicklung und kurfürstlichem Erbe? Was inspiriert Sie in Hinsicht auf die besondere geschichtliche Bedeutung der Stadt?

Mein frecher Spruch war immer: Mein bester Chef ist Karl Theodor, und der ist schon 200 Jahre tot. Ganz im Ernst ist der Geist dieses Kurfürsten und seiner kongenialen Architekten, Gartenbauingenieure und Gestalter allgegenwärtig. Ich empfinde schon so, dass wir die Aufgaben des Erhalts dieser wundervollen Anlage für eine gewisse Zeit anvertraut bekamen und diese unbeschadet der nächsten Generation zum Erhalt und zur Pflege übergeben müssen. Daher war ich wirklich berührt, dass mir die Stadt Schwetzingen wegen meiner Bemühungen um die Kultur der Stadt die Karl-Theodor-Medaille zuerkannte. Eigentlich bin ich kein Freund von Medaillen, aber ich gebe zu, dass ich auf diese *scharf* war und nun sehr stolz darauf bin.

Welche »Fehler« haben Sie in Ihrem Leben vermieden, war das Glück oder zielgerichtete Planung?

Ich habe immer gewusst, dass mir die Arbeit an der Basis am meisten liegt und daher bin ich der Kurpfalz immer treu geblieben. Ich erlag nie der mehrmals an mich herangetragenen Versuchung, eventuell noch besser bezahlte, aber dienstlich langweiligere Jobs anzunehmen. Mir ist jeder Mosaikstein für den Gesamterfolg wichtig. Deshalb begegne ich allen Mitarbeiterinnen und Mitarbeitern, ob eigenem Personal oder dem von Drittfirmen, mit Respekt. Arroganz liegt mir fern.

HOFGÄRTNERHAUS IM SCHLOSSGARTEN
68723 SCHWETZINGEN
WWW.SCHLOESSER-UND-GAERTEN.DE

11 Schneewittchen singt in höchsten Tönen

Sopranistin Astrid Bohm liebt das »Rokokotheater«

La donna è mobile heißt es bei *Rigoletto*, und beweglich ist die Mezzosopranistin Astrid Bohm sehr wohl. Sie studierte Gesangspädagogik in Wiesbaden, Darmstadt und Karlsruhe, sammelte während des Studiums Erfahrungen bei der *Jungen Oper Rhein-Main*, sang das *Schneewittchen* in der Schweiz, stand in Kassel auf der Bühne und überzeugte bei verschiedenen Auftritten bei den Edesheimer Schlossfestspielen und beim renommierten Klassikfestival im Kloster Eberbach/Rheingau. Schwetzingen ist seit 2009 ihr Zuhause, wo sie mit Mann und Kindern lebt.

Ihre Verlobung fand ganz romantisch im Schlossgarten am Minervatempel statt, eine bevorzugte Location in der gesamten Region. Das Rokokotheater im Schloss, so genannt, weil es sich genau genommen um einen frühklassizistischen Bau handelt, hat eine ganz besondere Bedeutung für die dunkelhaarige und grazile Schönheit. Ihre beiden Mädchen durften schon als Ballettelfen dort tanzen. Sie selber würde sehr gerne in diesem bedeutungsvollen Ambiente auftreten.

Anfangs tat sich Astrid Bohm etwas schwer mit der doch relativ kleinen Stadt, es zog sie eher nach Berlin oder gleich ganz in den Süden. Jetzt aber liebt sie das Schloss, den Garten, die schönen alten Häuser, zumal sie Glück hat, in der Innenstadt leben zu können. Und, last not least, hat sie inzwischen auch ihr Lieblingsspargelrezept entdeckt: Lauwarmer Spargelsalat mit Kirschtomaten, hartgekochtem Ei in kleinen Stücken, Kräutern und Vinaigrette. Möge sich ihr Wunsch erfüllen und ihre klare Stimme bald durch alte, historische Gemäuer klingen.

»ROKOKOTHEATER« IM SCHLOSSGARTEN
SCHLOSSTHEATER
AM SCHLOSS SCHWETZINGEN
68723 SCHWETZINGEN
WWW.SCHLOSS-SCHWETZINGEN.DE/SCHLOSS/GEBAEUDE/NOERDLICHER-ZIRKELBAU/

12 Ein Meister der Mehrdeutigkeiten

Fotograf Jessen Oestergaard findet Ruhe im Vogelbad

Nicht immer sind berühmte Namen in der Verwandtschaft glücklich für die Träger, in diesem Falle aber war er eher inspirierend. Großcousin Heinz Oestergaard, der deutsche Modedesigner der 50er- und 60er-Jahre munterte seinen Verwandten beizeiten auf: »Du musst Nackte fotografieren«, riet der spätere Modechef bei *Quelle*, der als Erster Dessous-Modeschauen ins prüde Deutschland brachte.

Auch Jessen Oestergaard, 1962 in Berlin geboren, aber in Schwetzingen aufgewachsen, kann schon Kult für sich vermelden. Nachdem er Stipendiat des Deutschen Akademischen Auslandsdienstes (DAAD) an der San Diego State University war und dort auch Fotografiekurse gab, wurde er 1993 sogar als Träger des »Hasselblad Fine Art«-Preises im Magazin *Photo Technik International* geehrt. Sein 1990 erschienener Fotoband *Der Schwetzinger Schlossgarten* ist seit Jahren vergriffen, obwohl er gar keine Nackten darstellt. Im Bereich Nacktfotografie arbeitete Oestergaard in den 2000er-Jahren, damals auf speziellen Kundenwunsch.

Ein zweites Buch *Schwetzingen – Der Schlossgarten* publizierte der Verlag *Staatsanzeiger* im Jahr 2006. Das interessierte sowohl den Sender ARTE, der Bilder bei ihm bestellte, als auch die ehemals in Schwetzingen beheimatete Firma *AstraZeneca*, für die er einen Kalender mit seinen Fotografien zusammengestellte. Seine Arbeit als Fotograf im Schlossgarten hielt der SWR-Film »Im Hain des Apoll« in der Reihe »Schätze des Landes« fest. Seit rund 20 Jahren arbeitet der Künstler mit den Schwerpunkten Porträts, Auftragsfotografie und Kunst. Er initiierte den *Schwetzinger Fotosalon* als auch die *Woche des Sehens* in Château Plagne, Frankreich. Inzwischen kann er zahlreiche Publikationen von Bildbänden, Künstlerbüchern und Firmenkalendern vorlegen, er ist zu finden im *Who's Who in Visual Art – 75 Fine Art Photographers 2013*.

Heute produziert er eigene freie Serien, die veröffentlicht und ausgestellt werden. Neben seinen eindrucksvollen Schwarz-Weiß-Porträts widmete sich Oestergaard eine Weile der Kunst der

Schlossgartenfoto von Jessen Oestergaard

Doppelbelichtungen. Dabei reizten ihn im besonderen Maße die Mehrdeutigkeiten, die durch diese Technik entstehen. »Ich möchte Geschichten erzählen mit meinen Bildern«, beschreibt der Fotograf seine Ambition. Er versteht es, poetisch zu sein, ohne dabei ins Romantische abzugleiten. »Das poetische Ineinander zweier Bilder eröffnet eine dritte Perspektive, die den Betrachter und seine individuelle Wahrnehmung mit einbezieht.« Oestergaard strebt danach, auf eine besondere Weise hinter die Oberfläche zu gelangen, vor allem durch die Verwendung der Sofortbildfotografie als künstlerisches Medium. »Hinter jeder Oberfläche steckt mehr«, sagt der nachdenkliche Bilderphilosoph. Seine Verbundenheit mit der Spargelstadt ist groß. Schließlich besuchte er das hiesige Hebel-Gymnasium bis 1981.

Schon ein Jahr vorher fing die fotografische Beschäftigung mit dem Schlossgarten an, die in den bereits erwähnten Fotobüchern und einem Kalender mündete. Letzterer wird seit Mitte der 2000er-Jahre im Auftrag der ansässigen Firma *Jünger + Gräter* publiziert. Immer wieder kehrt er daher in den Garten zurück, am liebsten zum Vogelbad im nördlichen Boskett, dessen schlangenförmiger Verlauf ihn stets von Neuem fasziniert. Den Beginn seiner Karriere wird er wohl nie vergessen. »Meine erste Foto-Ausstellung als naiver Amateur war 1981 im *Atrium* in der Friedrichstraße«, erinnert sich Jessen Oestergaard.

»Das *Atrium* war voll von Leuten! Einige Bilder wurden sogar gekauft! Als junger Abiturient faszinierte mich das sehr. Das hatte natürlich damit zu tun, dass gleichzeitig die Ausstellung meines Onkels Heinz Oestergaard eröffnet wurde. Gerhard Stratthaus als damaliger OB war ebenfalls da. Das konnte ich damals aber alles noch nicht überschauen. Ich war einfach überwältigt.«

2007 bildete die Mitgründung der Firma *Jünger + Gräter* ein weiteres Highlight. »Die seither stattfindenden Kunstprojekte und Ausstellungsreihen wie die *art Schwetzingen*, erst in der Alten Wollfabrik, dann im Lutherhaus, und die *gARTen* in der Orangerie sind enorm wichtig. Das war gleichzeitig eine Neuformulierung meines Selbstverständnisses als Fotograf. Ich erkannte dadurch, dass ich kein Außenseiter bin und dass die vielen prekären Momente zu dieser Tätigkeit gehören«, lächelt der stets ein wenig melancholische Meister.

Aus dieser Umgebung würde er so schnell nicht wieder weggehen, allenthalben ganz neuer Arbeitsmöglichkeiten wegen. »Schwetzingen ist eine Stadt, in der die Menschen offen miteinander reden und sich ordentlich streiten können. Gemütlichkeit mit historischem Tiefgang durch das kurfürstliche Erbe, welches das Interesse an den Künsten und an anderen Kulturen vorgelebt hat. Nicht zu vergessen der Humor, der in einem sympathischen Kurpfälzisch daherkommen kann. Genug der Worte – »schwätz kä Zaig«.

VOGELBAD IM SCHLOSSGARTEN
IM NÖRDLICHEN BOSKETT
68723 SCHWETZINGEN

13

Ein liebender Chronist seiner Stadt

Pädagoge und Publizist Karl Wörn lebte in den Königsäckern

Er hat sich besonders verdient um die Stadt gemacht, ein Urgestein, das in Schwetzingen über 70 Jahre lang lebte und wirkte. 1920 wurde Karl Wörn in der Spargelstadt geboren und formte mit seiner Persönlichkeit deutlich das soziale und kulturelle Leben.

Als ein Kind seiner Zeit diente er im Zweiten Weltkrieg und kehrte verwundet, aber lebend wieder nach Hause zurück. Hatte er vor dem großen Krieg sein Studium der Staats- und Rechtswissenschaften nicht beenden können, so wollte er nun Lehrer werden. Das war die richtige Wahl, denn Wörn unterrichtete bis zu seinem Ruhestand im Jahr 1984, zum Schluss als Leitender Schulamtsdirektor. Höchst erfolgreich, denn der Pädagoge lehrte zuerst an der Schwetzinger Hilda-Schule, wurde dann Schulleiter der Karl-Friedrich-Schimper-Schule und war über die Schulverwaltungen in Mannheim und Karlsruhe bis hin zum Lehrbeauftragten an der Pädagogischen Hochschule in Heidelberg und schließlich als Inspekteur und Vorsitzender im Obersten Rat der Europäischen Schulen im Auftrag der Kultusministerkonferenz beruflich tätig.

Doch wollte der agile Mann nicht nur Schüler beglücken, er publizierte gleichzeitig. Und zwar das, was ihm am meisten am Herzen lag: über sozialkundliche und historische Themen. Seine Artikel erschienen sowohl in den Schulzeitungen und Lehrbüchern als auch in der regionalen und sogar überregionalen Presse. 1968 veröffentlichte er sein erstes Buch *Schwetzingen – lebendige Stadt*. Karl Wörn war Träger des Bundesverdienstkreuzes, der Schillerplakette der Stadt Mannheim und der Karl-Theodor-Medaille Schwetzingens.

EHEMALIGES WOHNHAUS KARL WÖRN
KÖNIGSÄCKER 92
68723 SCHWETZINGEN
WWW.SCHWETZINGEN-MUSEUM.DE

14 Liebe in Zeiten der Druckgrafik

Künstler Otto Mindhoff wirkt im Xylon-Museum

Der über 80-jährige Maler und Grafiker kann (und will) das Flirten noch immer nicht lassen. Otto Mindhoff hat einen Blick für die Schönheit der Frauen. Wenn seine graublauen Augen blitzen, dann wird klar: Im Geiste ist er keineswegs alt. Daher bedauert er, dass nicht mehr alles so geht wie früher. 20 Jahre jünger wäre er gerne, wie er in einem Interview zu seinem 80. Geburtstag verriet, den Grund dafür quittiert er nur mit einem tiefsinnigen Lächeln. Doch gilt sein Herz nicht nur dem weiblichen Geschlecht, sondern auch oder vielleicht hauptsächlich der Kunst.

Mit 18 Jahren, gleich nach dem Abitur, stand fest: Nur Kunst geht und nichts anderes. Daher studierte er von 1950 bis 1954 an der Folkwang-Werkkunstschule Essen und von 1956 bis 1962 an den Staatlichen Akademien der Bildenden Künste Stuttgart und Karlsruhe. Seit über 50 Jahren ist Mindhoff nun als freiberuflicher Maler und Grafiker tätig, durfte bei einem Gastlehrauftrag am Hochschulinstitut für Kunst und Werkerziehung Mainz im Jahre 1965 selber lehren. In die Stadt der Liebe und Kunst, Paris, lud man ihn ein Jahr später ein für ein Stipendium *Cité Internationale des Arts*, Paris. Manche hübsche Tochter der Stadt wird er wohl dort porträtiert haben. Seit 1978 ist der Druckgrafiker Vorsitzender von *Xylon*, der deutschen Sektion der internationalen Vereinigung für den künstlerischen Hochdruck, und reiste 1984 mit einem Arbeitsstipendium der *Deutschen Akademie* nach Rom.

In Schwetzingen findet man den umtriebigen Mann im Jahr 1987 als Künstlerischen Leiter der *Xylon – Museum + Werkstätten e.V.* Im Jahr 1999 wurde ihm schließlich das Bundesverdienstkreuz am Bande verliehen. Doch was ist »Xylon«? Leider nicht jedem Mitbürger ein vertrauter Begriff. *Xylon – Museum + Werkstätten e.V.* ist ein Zentrum für Bildende Kunst mit Schwerpunkt auf dem künstlerischen Hochdruck. Die Institution informiert mit ihren Ausstellungen über aktuelle bildnerische und technische Positionen und Entwicklungen des Hochdrucks, um sie in ihrer Vielfalt der Öffentlichkeit zugänglich zu machen.

Xylon *ist ein Zentrum für Bildende Kunst mit informativen Ausstellungen*

Mindhoff war es von Anfang an wichtig, in der ehemaligen malerischen Invalidenkaserne Wechselausstellungen aufstrebender und arrivierter Künstler stattfinden zu lassen. »Der rege Kontakt zu international bekannten Künstlern und zuletzt unsere Ausstellung im *Xylon* mit der Partnerstadt gehören für mich zu den wichtigsten Erlebnissen der letzten Zeit«, konstatiert er. Otto Mindhoff bleibt durch den Austausch mit anderen Künstlern stetig in Bewegung, aber auch die Weitergabe seines Wissens an andere Kreative ist ihm dabei wichtig.

So bietet er in den Werkstätten Workshops und Kurse in verschiedenen künstlerischen Techniken an. Studienaufenthalte im Gästeatelier für Künstler aus dem In- und Ausland sind erwünscht und werden immer wieder aufs Neue angeboten. Sie sollen *Xylon* lebendig halten. Der Künstler selbst ist im Umgang stets direkt. Er provoziert mit Vorliebe, vor allem mit seinen Werken. Seine Gegenwart atmet den Geist der Malerei und der Hochdruckgrafik, er lebt sie und pfeift dabei auf Vergangenheit oder Zukunft. Solcherlei Überlegungen interessieren ihn nicht.

Der Mensch als Motiv ist sein stärkstes Thema, das ihn am meisten bewegt und das er immer wieder andersartig umsetzt. Seine Technoide, Köpfe, die er in geometrischen Formen immer wieder neu zusammensetzt, damit sie abstrakt und maschinell wirken, sind am auffälligsten. Dabei ist der Privatmensch Mindhoff überhaupt nicht der Technik verfallen. Handys und Computer spielen keine Rolle in seinem Tagesablauf. Der wiederum bestätigt sämtliche Vorurteile, die man in der Vorstellung darüber, wie ein Maler so lebt, haben kann. Er schläft gerne lange, steht spät auf, genießt erst einmal einen Kaffee, beispielsweise mit seinem Nachbarn, der ein Kollege und Freund ist, und frühstückt ausführlich in der altehrwürdigen Umgebung vor seinem Haus, wenn es das Wetter zulässt. Die Kunst im Blick, die sich über das ganze Gelände verteilt.

Stets freut er sich über Besuch, mit dem er über Kunst parlieren kann, oder gibt höchstpersönlich Unterricht an der Leinwand. Am Abend genießt er gerne einen guten italienischen Rotwein – am liebsten in Gesellschaft. »Der jahreszeitliche Wechsel vor meinem Atelierfenster und das schöne Ambiente zwischen Atelier und Schlossgarten«, das, so der Künstler, beflügele ihn immer wieder. Kein Wunder, schaut er doch tagtäglich darauf.

XYLON - MUSEUM + WERKSTÄTTEN
SCHWETZINGEN
KRONENSTRASSE 17
68723 SCHWETZINGEN
WWW.XYLON-MUSEUM.DE

15 A lucky man

Unternehmer Werner Pfitzenmeier leitet den Fitnesspark

Sympathisch ist er, kommunikativ und erstaunlich auf dem Boden geblieben. Werner Pfitzenmeier, Chef einer der größten Unternehmensgruppen der Region, behielt eine natürliche Art, sogar das typisch Kurpfälzer Idiom hört man in seiner jugendlichen Stimme. Fitnesspapst Pfitzenmeier lacht gerne und hat Humor. »Wenn ich Kurfürst wäre, würde ich natürlich gleich mal alle Steuern abschaffen«, lächelt er mit einem Augenzwinkern. »Ich bin vollkommen zufrieden, ich habe viel erreicht und lebe das auch. Am glücklichsten aber bin ich über die Geburt meiner kleinen Söhne, beide noch deutlich unter zehn Jahre und schon sehr sportlich unterwegs«, strahlt der Mittfünfziger, der dem Familiensegen im Jahre 2016 noch die Krone aufsetzt, denn im Frühsommer ist Hochzeit. »Ich kann meiner Frau dann mit diesem Buch noch ein weiteres Hochzeitsgeschenk überreichen«, grinst der Clan-Chef. Wobei er höchsten Wert darauf legt, dass nicht alleine der Name Pfitzenmeier ausreicht, um in seiner Firma zu Ruhm und Ehre zu kommen. »Allein Qualifikation und Motivation zählen«, erläutert er klug.

Und wie kam er zu seinem »Imperium«? Pfitzenmeier ist, beinahe schon nach amerikanischem Vorbild, ein echter Selfmademan. Mit nur 17 Jahren legte der junge Werner 1978 den Grundstein für sein Unternehmen, zu Hause, bei seinen Eltern. »Ich machte damals mein Hobby zum Beruf und bin damit gleich selbstständig geworden. Meine Eltern unterstützten das. Ihr Haus funktionierte ich zum Büro um, vermaß im Wohnzimmer die ersten Kunden und legte Mitgliedschaften an, das alles auf 40 Quadratmetern«, erinnert er sich gerne. Wäre denn ein anderer Beruf für ihn möglich gewesen? »Architektur hätte mich auch noch interessiert«, überlegt er eine Weile. Doch so wurde er Architekt seiner eigenen Firma. Gebaut hatte er schon ein wenig früher, Torten und andere Süßigkeiten.

Der spätere *Mister Apollo* (1977) wuchs in Oftersheim bei Schwetzingen auf und erkannte sehr früh seine sportliche Begabung. Vom sechsten bis zum 13. Lebensjahr trainierte er fast täglich. Er

Im Fitnesspark lässt sich auch gemütlich verweilen

führte somit die Tradition seiner Familie fort, denn sein Onkel und Namenspate war 1936 Deutscher Meister im Kunstturnen und für Olympia nominiert. Mit 14 Jahren begann Werner eine Konditorenausbildung, verfolgte aber nebenbei zielstrebig seine sportliche Laufbahn. Er fand seine Vorlieben im Karate, im Judo und verstärkt im Krafttraining. Mit seinen Jugendfreunden Bernhardt Kern und Michael Kettel trainierte er hart.

Da er sich anfangs keine Geräte leisten konnte, konstruierte der junge Sportler seine erste eigene Langhantel aus Beton. Der 15-Jährige goss das Material in Waschmitteleimer, befestigte sie mit Isolierband und trainierte anschließend auf Weinkisten, die er in der Garage abgedeckt hatte, um Platz zu gewinnen. Der junge Mann erwies sich als recht kreativ und zusätzlich als guter Geschäftsmann. »Mein Instinkt hat mich immer begleitet und der war oft sehr zutreffend. In der Summe liege ich bei 90 Prozent geglückter Einschätzungen. Mein Bauchgefühl für die richtigen Menschen zur richtigen Zeit hat mich geleitet, und ich habe darauf gehört«, meint Pfitzenmeier und verweist dabei auf seine Freundschaft mit Arnold Schwarzenegger. Wie kam denn das zustande? Wieder einmal hatte er den passenden Riecher.

Bereits mit 17 Jahren besuchte er die großen Fitness-Studios in Kalifornien, traf dort Arnold Schwarzenegger und erarbeitete aus all den Eindrücken und Ideen, die er auf weiteren Reisen in zahlreiche Länder sammelte, sein eigenes Fitness-Konzept für den deutschen Markt. Werner Pfitzenmeier ergänzte das Sportangebot in seinen Fitness-Parks um Trends wie Spin Racing, Power Yoga, Tae Bo, Pilates und Power Dumbell. 1979, ein Jahr nach der Gründung, zog die kleine Firma in eine deutlich größere Location um. Der Standortwechsel nach Schwetzingen in die Kronenstraße brachte 200 Quadratmeter, 1981 die Eröffnung in der Scheffelstraße 1.000 Quadratmeter. Damit besaß er eines der größten und modernsten Studios in der ganzen Bundesrepublik.

Nur fünf Jahre später verlegte er den Hauptstandort in die Essener Straße und verdoppelte die Quadratmeterzahl. Natürlich trimmt der fleißige Geschäftsmann seinen Body währenddessen stetig weiter. 1980 wurde Werner Deutscher Meister der Junioren in München und Gesamtsieger. Im folgenden Jahr belegte er bei der Weltmeisterschaft der Junioren in Johannesburg den vierten Platz, 1983 gelang ihm die Deutsche Vizemeisterschaft der Paare mit Margot Teichmann und der Gesamtsieg in der Internationalen Ostblockmeisterschaft in Budapest. 1984 erreichte er noch einmal die Vize-Weltmeisterschaft der Paare, diesmal mit Anja Lange in Madrid. Ein wahrhaft kraftvoller Mann.

Seine Kontakte zu *Arnie* inspirierten den Meister, denn er brachte eine Menge frische Ideen in das Turnvater-Jahn-Heimatland. In den 80er-Jahren führten Fitness und Body-Building in Deutschland ein Schattendasein. Der junge Firmengründer war zarte 22 Jahre alt und einige erklärten ihn für verrückt oder größenwahnsinnig, als er an die Realisierung des 2.000 Quadratmeter großen Fitness-Parks in Schwetzingen ging. Ein Projekt, das mehrere Millionen D-Mark kostete. Damit nicht genug: Nebenbei eröffnete er Studios in Weinheim (1983)

Auf modernen Geräten kann man etwas für die Fitness tun

und Heidelberg (1985). »Ich bin noch genauso motiviert wie am Anfang und war es die ganze Zeit«, so definiert Pfitzenmeier seinen schier unglaublichen Erfolg.

In einer Feier mit ca. 15.000 Besuchern eröffnete er 1986 den Fitness-Park Schwetzingen, ein 3-Tages-Event mit einem Nonstop-Programm an Shows, Posings, Modenschauen, Wettkämpfen und Hubschrauber-Rundflügen. Ein grandioses Schauspiel, über das die hiesige Presse ausführlich berichtete und das zu weiteren Mitgliedserklärungen führte.

Bereits 1983 hatte Pfitzenmeier die Internationale Fitness- und Aerobic-Akademie (IFAA) als hundertprozentige Tochtergesellschaft gegründet. Eine seiner weiteren kreativen Ideen, wieder aus dem Bauch heraus. Sie bietet Schulungen, Ausbildungen, Weiterbildungskongresse und Fachtagungen für die Fitnessbranche im In- und Ausland an. Jährlich nehmen zwischen 8.000 und 10.000 Personen daran teil. Der größte internationale IFAA-Kongress findet einmal im Jahr in Kooperation mit dem Sportinstitut Heidelberg auf dem Universitätsgelände des dortigen Klinikums statt.

Gleichsam mit dem Anspruch an die Fitness-Branche, sich in den Bereichen Wellness und Gesundheit stark zu machen, hat sich die Zielgruppe und damit das Mitgliederprofil verändert. Seit den 90er-Jahren ist der Altersdurchschnitt der Fitness-Interessenten angestiegen und damit auch die Nachfrage nach höherer Qualität und Kompetenz seitens der Fitness- und Aerobic-Trainer. Seither erfolgt die Betreuung der Mitglieder im Fitness-Park ausschließlich von einem geschulten und qualifizierten Mitarbeiter-Team aus Physiotherapeuten, Diplom-Sportlehrern und Ärzten.

»Ich habe mich früh sehr gut vernetzt, lernte meinen Beruf von der Pike auf. Die Vernetzung half und hilft mir wieder und wieder, neue Ideen aufzunehmen und zu entwickeln. Mein beruflicher Weg zeigt mir, wie wichtig Qualität ist. Das wird in den meisten Fällen belohnt.« Eine kluge Einstellung, die sich in ca. 150.000 Mitgliedern zeigt.

Er legte eine deutliche Konzentration auf das Wellness-Konzept: die Vereinigung von Körper, Geist und Seele. Dem kommt Pfitzenmeier mit einem guten Angebot von Saunen, Sanarien, Dampfbädern, Schwimmbädern und einem vielseitigen Kursangebot zum Thema »Entspannung« nach. Diese Konzeption wird unterstützt durch die Zusammenarbeit mit diversen Unternehmen und Krankenkassen. Das war ihm wichtig. Im Jahre 2003 feierte sein Fitness-Park 25-jähriges Jubiläum, etwas, worauf der Firmenvater ausgesprochen stolz war. So stolz, dass er sich einen Event der Extraklasse einfallen ließ, eine ausgeklügelte Marketingidee: Styled by Pfitzenmeier. Eine Ausstellung im Schloss, verbunden mit einem Foto-Award. Er zeigte seine kulturelle Seite, indem er über 300 Kunstwerke zur Thematik *Fitness und Kunst* präsentierte.

Werner Pfitzenmeier hätte jederzeit nach Amerika umziehen können, jedoch blieb er Schwetzingen stets treu. »Auf dem Schlossplatz zu sitzen, ist wie Urlaub, immer wieder, die persönliche Atmosphäre, das Flair einer Stadt, die Gäste gerne willkommen heißt, das ist meins.« So lautet die Liebeserklärung einer der größten Unternehmer dieser Region an die Stadt, in der sein Glück begann.

FITNESS-PARK VERWALTUNGS GMBH
ESSENER STRASSE 5
68723 SCHWETZINGEN
WWW.PFITZENMEIER.DE

16 Ein Heidelberger in Schwetzingen

OB René Pöltl blickt vom Schlossdach Belvedere in die Ferne

Für Schwetzingens Oberbürgermeister René Pöltl gehören sie ja irgendwie alle zusammen, die kleinen und größeren Städte der Metropolregion: Heidelberg, Mannheim, Ludwigshafen, Ladenburg, Schwetzingen und die Schwester Oftersheim. Und doch sind sie so verschieden, mitunter sogar ein wenig verstritten. Während Mannheim seit einigen Jahren an kulturellen Angeboten kaum zu überbieten ist, dennoch als Arbeiterstadt in den Hirnen der Bevölkerung verankert bleibt, man in Ludwigshafen besser gar nicht wohnt, obwohl es inzwischen recht attraktive Neubausiedlungen am schönen Rhein gibt, Heidelberg noch immer als Intellektuellenstadt mit der über 800 Jahre alten Universität einen Sonderstatus inne hat, die Altstadt aber eher einem Puppenhaus mit lauter Kaspern gleichkommt, Ladenburg, Römersiedlung und Heimat des Erbauers einer der wichtigsten Erfindungen der letzten 150 Jahre, Carl Benz, heute das Flair einer Provinzschönheit verströmt, lebt Schwetzingen durch Geschichte und seine offene und frohe Bevölkerung.

Pöltl wurde 1967 in Heidelberg geboren, machte 1986 Abitur und studierte bis 1991 Rechtswissenschaften. Unter anderem als Justitiar beim Rechtsamt tätig, wurde Dr. René Pöltl 2003 zum Leiter des Ordnungsamts Heidelberg berufen. 2006 wurde er erster Bürgermeister in Schwetzingen. Seit 2008 ist er parteiloser Oberbürgermeister. Als Highlight seines Berufslebens empfindet er die Möglichkeit, ab und zu auf das Dach des Schlosses, das sogenannte »Belvedere«, steigen zu dürfen, die ehemalige Sternwarte Karl Theodors – aber nur, wenn besondere Gäste in der Stadt sind. Es ist einer seiner Lieblingsplätze, denn der bietet einen einmaligen Blick auf Stadt und Region – vom Königstuhl, dem Heidelberger Hausberg, bis zur Kalmit, der höchsten Erhebung der Pfalz. »Da bekomme ich immer noch jedes Mal Gänsehaut«, erzählt der OB.

Viola Eigenbrodt: Herr Dr. Pöltl, wenn Sie nun Karl Friedrich oder gar Louis XIV. der Kurpfalz wären, was würden Sie anders machen?

René Pöltl »gibt« gerne einmal den Kurfürsten

Dr. René Pöltl: Also ehrlich gesagt würde ich gar kein Kurfürst sein wollen. Ich verstehe mich als Teil unserer Stadt und wurde von meinen Mitbürger/innen für acht Jahre beauftragt, im Rathaus als Oberbürgermeister die Belange der Bürgerschaft und der Stadt zu vertreten. In dieser Funktion und mit meiner bisherigen Erfahrung kann ich den Schwetzingern nur sagen: Bleibt wie ihr seid: weltoffen, interessiert, gesellig, tolerant, lebensfreudig, humorvoll und gastfreundlich. Dann bleibt unsere Stadt so lebendig und lebenswert wie sie ist, eine Stadt ist immer wie ihre Menschen.

Sie sind von Ihrer Berufsausbildung her Jurist – könnten Sie also auch einen anderen Beruf ausüben als Bürgermeister?

Ja. Ich wollte immer etwas mit Musik und Kultur machen, ursprünglich als Jurist in diesem Bereich arbeiten, etwa im Urheberrecht. Ich war auch sehr gerne an der Universität Heidelberg als wissenschaftlicher Mitarbeiter und in der Lehre tätig. Ich habe das große Glück, als Oberbürgermeister in Schwetzingen sehr viel mit Musik und Kultur zu tun zu haben, sodass mein Wunsch am Ende indirekt doch noch in

Erfüllung gegangen ist – neben den vielen anderen spannenden Dingen, die ich in diesem Amt tun und erleben darf.

Fühlen Sie sich als OB der besonderen geschichtlichen Bedeutung Schwetzingens verpflichtet, gibt es etwa einen Kontext zur regionalen Stadtgeschichte?

Die geschichtliche Entwicklung der Stadt und ihre Vergangenheit sind Verpflichtung und Chance zugleich. Die besonderen Qualitäten der Stadt wurden über Jahrhunderte, vor allem seit Ende des 17. Jahrhunderts, entwickelt. Der herausragende Städtebau, die Stadtanlage mit dem Schlossplatz und der einmalige Schlossgarten sind bis heute der Schlüssel zum einmaligen Flair der Stadt, die in diesem historischen Umfeld sehr lebendig und modern ist. In diesem Bewusstsein versteht sich die Aufgabe, Schwetzingen und seine Qualitäten zu erhalten und weiter zu entwickeln. Schwetzingen soll eine historische und zugleich lebendige und moderne Stadt sein.

Was hat Sie angespornt, in der Spargelstadt einen so erfolgreichen Weg zu gehen?

Ich hatte die Arbeit als Bürgermeister oder Oberbürgermeister nicht als Ziel. Als sich aber 2006 die Chance bot, in der *eigenen* Stadt, in der ich mit meiner Familie lebte, mich als Bürgermeister zu bewerben, habe ich diese ergriffen. Dies hatte vor allem einen Grund: Wir lebten überaus gerne in Schwetzingen. Nur in dieser Stadt konnte ich mir vorstellen, eine solche Tätigkeit auszuüben und mit daran zu arbeiten, dass sie so lebenswert bleibt. Der Schwetzinger Gemeinderat hat mich dann 2006 zum Bürgermeister gewählt, ohne dass es damals im Ansatz absehbar gewesen wäre, dass ich nur zwei Jahre später von den Bürgern gewählt werde. Wäre Schwetzingen nicht ein solch einzigartiger Ort, wäre es so sicherlich nicht gekommen.

Sie haben sich mit Ihrer Arbeit einen Lebenswunsch verwirklicht. Sind Sie schon angekommen oder bleibt da noch Platz für Träume?

Ich bin grundsätzlich angekommen, aber es bleiben – zum Glück – noch viele Ziele und Träume. Das Leben besteht nicht nur aus dem Beruf, auch wenn er sehr viel Raum einnimmt. Neben den berufli-

Der Musiker René Pöltl auf der Bühne

chen Zielen und Visionen bleiben noch viele private Träume.

Was projektieren Sie für die nächste Zeit beruflich?

Viel zu viel, da Schwetzingen in den letzten Jahren stets sehr viele tolle Chancen hatte, die es zu nutzen galt und gilt. So, wie ich das derzeit überblicken kann, wird sich das so schnell nicht ändern.

Offenbar verweilen Sie privat recht gerne in Schwetzingen – könnten Sie sich vorstellen, woanders zu leben?

Vorstellen ja, wollen eher nein. Schwetzingen ist eine historische Stadt mit viel Flair, die eine große Lebensqualität besitzt, eine umfassende Infrastruktur bietet, in einer fantastischen Region liegt, durch ihre Größe eine Stadt der kurzen Wege ist und die gut für die Zukunft aufgestellt ist. Meine Familie und ich fühlen uns sehr wohl, und das schon lange bevor ich Bürgermeister und später Oberbürgermeister wurde. Wir leben einfach super gerne in der Großen Kreisstadt.

Was letztlich bedeutet, dass Sie eine starke emotionale Verbindung zur Kreisstadt haben?

Überaus intensiv: Schwetzingen ist für meine Familie und mich seit Langem unser Zuhause, die Region für uns alle Geburtsort und Heimat. Durch meine Arbeit als Oberbürgermeister bin ich überaus eng und positiv mit der Stadt und ihren Bürger/innen verbunden. Das ist eine tolle und überaus lebensbereichernde Stadt, ich bin ihr eng und leidenschaftlich verbunden.

Welches ist Ihr wichtigstes Erlebnis und hängt es vielleicht sogar mit Schwetzingen zusammen?

Das wichtigste Ereignis in meinem Leben war 2001 die Geburt unseres Sohnes im Kreiskrankenhaus Schwetzingen. Unsere Tochter kam

2004 aus besonderen Gründen in Heidelberg zur Welt. Eines der wichtigsten Ereignisse der letzten Jahre war für mich die Ansiedlung des Logistikzentrums von Decathlon in Schwetzingen, in dem heute über 400 Menschen Arbeit gefunden haben.

Gibt es etwas, was die Öffentlichkeit gar nicht über Sie weiß?

Hoffentlich, denn es gibt ja auch viel Privates in meinem Leben. Wenige wissen, dass der Name Pöltl in Mannheim schon länger bekannt ist, weil mein Vater Englisch- und Lateinlehrer am Gymnasium auf der Vogelstang, Vorort von Mannheim, war. Mir begegnen immer wieder Menschen, die seine Schüler waren, etwa der Kabarettist Chako Habekost oder die Inhaberin unserer Tanzschule, Andrea Kiefer. Ich finde das immer wieder nett und witzig, und es ist typisch für unsere Kurpfalz, wo man sich immer wieder über den Weg läuft. Ich mag das sehr.

Flexibilität zeichnet René Pöltl aus. Er weiß, dass man aus Fehlern manches lernen kann und das Glück eine launige Diva ist. »Am wichtigsten ist es mir zu akzeptieren, dass manche Dinge ganz anders laufen, als man sie plant, und dabei zu begreifen, dass das oftmals viel besser als gedacht ist. Man sollte stets offen für Veränderungen sein. Das hat mir immer sehr geholfen.« Schwetzingen wird weiterhin die Kurpfalz rocken.

EHEMALIGE STERNWARTE
SCHLOSSDACH BELVEDERE
AUSSICHTSPLATTFORM AUF DEM
CORPS DE LOGIS
68723 SCHWETZINGEN
WWW.SCHWETZINGEN.DE

Gestochen v. C. Geyer in München

17

Die Entdeckung der Eiszeit

Geologe Karl Friedrich Schimper liebte am Schlossplatz 9

Geboren wurde der Geologe und Eiszeitentdecker Karl Friedrich Schimper 1803 zwar in Mannheim, doch lebte er 18 Jahre lang bis zu seinem Tod 1867 in Schwetzingen. Mannheim war ihm zu aufrührerisch geworden, er verließ die Quadratestadt 1849. Er nahm zunächst im *Pfälzer Hof* Quartier, bis er 1863 vom Großherzog Wohnung und Arbeitszimmer im Schwetzinger Schloss erhielt. Sein Ableben ist so tragisch wie sein Start ins Leben, das von Anfang an von Armut bestimmt war. Auf dem Weg vom Schloss zur Wohnung seiner Freundin Sophie am Schlossplatz 9 wird er überfallen und schwer verletzt. Er bleibt bettlägerig und stirbt nur geraume Zeit später.

Als der große Gelehrte, auf ihn geht die Lehre von der Eiszeit zurück, das Licht der Welt erblickt, wird sein Vater viel zu früh und ohne weitere Zuwendungen in den Ruhestand versetzt. Er war Landmesser und konnte nun die Familie kaum noch ernähren. Vielleicht deswegen zerbricht die Ehe der Eltern. Die beiden Söhne bleiben bei der Mutter und erleben große Armut. Dennoch kann der Junge das Lyzeum in Mannheim besuchen, Freunde des Hauses halfen dabei. Obwohl er sich recht früh für die Natur interessiert und die Gegend um Mannheim und Schwetzingen durchforstet, entscheidet er sich 1822 zunächst für ein Theologiestudium.

Seine eigentliche Passion lässt ihn aber nicht los. Er reist 1825 in den *Midi,* den Süden Frankreichs, bis zu den Pyrenäen und sammelt Pflanzen, 20.000 an der Zahl, die er alle in die Heimat mit zurücknimmt. Er untersucht seine Mitbringsel und bestimmt sie. 1826 wendet er sich zugunsten der Medizin von der Theologie ab und lernt dabei zwei für ihn sehr wichtige Persönlichkeiten kennen. Zoologe Louis Agassiz, Botaniker Alexander Braun und Schimper werden Freunde, er folgt ihnen schließlich nach München. Noch einmal wechselt er das Studium und landet endlich bei den Fächern, die ihn von Anfang an interessierten, bei Botanik und Geologie. Nachdem er gelernt hat, beginnt er selbst zu lehren, so erfolgreich, dass sogar berühmte Persönlichkeiten wie der Naturphilosoph Friedrich Schelling

Die Schwetzinger benannten sogar eine Straße nach dem Geologen und Eiszeitentdecker

seine Vorträge besuchen. 1829 wird er von der Philosophischen Fakultät der Universität Tübingen »in absentia« zum Dr. med. promoviert.

Beharrlich untersucht er seine Pflanzen, studiert die Stellung der Blätter an ihren Stängeln. Ihm ist aufgefallen, dass sie sich regelmäßig anordnen. Deren Erforschung bringt ihn zu einer Theorie, mit der er die moderne botanische Morphologie begründet, und zu seiner einzigen wissenschaftlichen Publikation. In dieser Abhandlung zeigt er eine Möglichkeit auf, die Pflanzenblätter, die entweder auf gleicher Höhe oder abwechselnd wachsen, mathematisch zu erfassen, nämlich mit einer gedachten Spirallinie. Alle anderen Ergebnisse seiner Forschung gibt der innovative Forscher seinen Studenten und Interessierten in den Vorlesungen und Vorträgen mit auf den Weg, allenfalls hält er etwas auf fliegenden Blättern fest.

So ist es allein seinem Zeitgenossen Alexander Braun zu verdanken, der drei Vorträge Schimpers veröffentlichte, dass konkretes Forschungsmaterial schriftlich fixiert wurde.

1840 erreichte ihn ein Auftrag des Kronprinzen Maximilian von Bayern, der zu einer epochalen Erkenntnis führen sollte. Seine Hoheit wollte die Alpen geologisch bestimmen lassen und wählte dafür den

Gelehrten aus der Kurpfalz. Dieser fand heraus, dass das Gebirge nicht, wie man bis dato angenommen hatte, vom Erdinneren her durch vulkanische Bewegung entstanden ist, sondern durch den Horizontaldruck langsam aufgefaltet wurde. Diese Theorie hat bis heute Gültigkeit.

Schimper wurde damals verlacht und verspottet. Da er wieder einmal keine aussagekräftigen Notizen über seine Resultate angefertigt hatte, sondern nur etwas auf einen Pappdeckel gekritzelt hatte, musste er mit ansehen, wie man ihn geistig bestahl. Viele Jahre später kassierte ein gewisser Eduard Suess für Schimpers Ergebnis Ruhm und Ehre ein. Nicht nur dieser. Die wichtigste Erkenntnis, dass wir seit zweieinhalb Millionen Jahren in einer Eiszeit leben, geht auf den Schwetzinger Forscher zurück. *Eiszeitlehre* nannte er die erdgeschichtliche Periode, in der beide Pole vereist sind, seine Vorstellung vom *Weltsommer* und *Weltwinter.*

Die Annahmen Karl Friedrich Schimpers waren in den Augen der Kollegen lächerlich, doch einer erkannte die Brisanz der Hypothese, nämlich Louis Agassiz. Schnell und mit Nachdruck verbreitete er die Lehre und hatte nichts dagegen, als ihr Begründer gefeiert zu werden.

Karl Friedrich Schimper blieb zeit seines Lebens die nachhaltige Anerkennung der Wissenschaft versagt. Als er 1843 nach Mannheim zurückkehrte, half ihm nur eine Zuwendung von Großherzog Leopold über die Runden und bewahrte ihn vor der Armut. Einen Tag vor Weihnachten des Jahres 1867 wurde er in Schwetzingen beerdigt. Sein Grab wurde nach 1870 auf den neuen Friedhof an der Mannheimer Landstraße verlegt. Seine Schädelkalotte findet sich heute im Karl-Wörn-Haus, Museum der Stadt Schwetzingen.

SCHLOSSPLATZ 9
68723 SCHWETZINGEN

www.GPTaudio.de

18

Die Kurpfalz-Queen

Touristikerin Julienne Matthias-Gund träumt am Hebelgrab

Ihre Lebensreise führte die tatkräftige Frau von Brandenburg zur Perle der Kurpfalz. Das Erstaunliche dabei ist, dass kaum jemand merkt, dass Julienne Matthias-Gund eine »Neigeplackte« ist, so perfekt beherrscht die Vorsitzende der *Touristikgemeinschaft Kurpfalz e.V.* mit Sitz in Schwetzingen den hiesigen Dialekt.

»Chako Habekost, ein überregional bekannter Comedian, verpasste mir sogar den Namen ›Kurpfalz-Queen‹«, lacht die Mutter zweier Kinder übermütig. Jeder weiß, dass sie wie eine Löwin für diese Region kämpft und eine zielstrebige Netzwerkerin ist. Allein durch ihre Arbeit ist sie viel mit Ereignissen, Kultur, Stadtmarketing und dem Leben in Schwetzingen verbandelt. »Es interessiert und beschäftigt mich, da es mich auch im Herzen berührt. Ich wünsche dieser wunderbaren Stadt eine weiterhin positive Entwicklung«, freut sie sich. Sie lebt gerne in der Metropolregion und hat es nie bereut, in der Spargelstadt geblieben zu sein. »Schwetzingen ist für mich gefühlte Großstadt, die jedoch keine ist – aber auch Dorf, das keines ist. Ich fühle eine Vertrautheit, ohne von dem Lärm und der Hektik der heutigen Welt(städte) überrannt zu werden. Es ist prunkvoll und doch normal.« Ganz besonders hat es ihr der Spargel angetan. »Wir genießen den Spargel in allen Variationen, probieren gerne Neues. Die Kinder verlangen immer nach dem klassischen Rezept meiner Oma: Gemüsebrühe aus ausgekochten Spargelschalen mit ein paar Erbsen, geraspelten Karotten und eingerührtem Ei.«

Hat sie Zeit, sitzt sie gerne am Hebelgrab mit seinem alten Baumbestand, mitten in der Stadt – so unscheinbar und doch wunderbar. Perfekt zum Relaxen.

HEBELGRAB
ALTER FRIEDHOF
HILDASTRASSE 2
68723 SCHWETZINGEN
WWW.KURPFALZ-TOURIST.DE

19 Wie der Flieder nach Schwetzingen kam

Gartenbaudirektor Johann Michael Zeyher plante den Ehrenhof

Träumt ganz Schwetzingen von der Liebe? Dem königlichen Gemüse, dem Spargel, werden ja erotische Kräfte nachgesagt. Ebenso kann ein Bouquet aus duftendem Flieder so manches Frauenherz erwärmen. Ist nicht Flieder ein sehr barockes Parfum? Barock und Lebenslust, amouröse Abenteuer in den Tiefen des Schlossgartens, Äste knacken unter dem Seidenschuh eines Gentilhomme, der gerade von den zarten Wohlgerüchen einer vorbei eilenden Dame verführt ein kleines Liebesabenteuer wittert, vielleicht beim Badhaus? Rendezvous vor und in dem Schloss haben in Schwetzingen ein lange Geschichte, denn nicht nur Karl Theodor zeugte mit seinen Maitressen einige Kinder, auch die ehrenwerte Elisabeth Auguste frönte mehr mit Gespielen der Fleischeslust denn mit ihrem Angetrauten. Schiller, der im Gasthaus *Erbprinzen*, heute *Walzwerk*, übernachtete, hat einen Flirt mit einem Schankmädchen begonnen. Ob ihn dabei auch der Flieder betörte, bleibt Spekulation.

Es ist eine romantische Hypothese, dass der Fliederbestand im Ehrenhof vor dem prächtigen Schloss im holden Frühling anregende Wirkung hat. Eine Tatsache hingegen ist es, dass Schwetzingen auch den Beinamen Fliederstadt trägt. Dieses Geheimnis lüftete Alt-Oberbürgermeister Bernd Kappenstein zur Verblüffung der Anwesenden vor vielen Jahren auf einer Vernissage.

Heute blüht die duftende Pracht tatsächlich wieder an dieser Stelle, denn im Jahr 2015 wurde der Platz vor dem Schloss nach Originalplänen des ehemaligen Gartendirektors Johann Michael Zeyher rekonstruiert und mit Fliederhochstämmen bepflanzt. Es ist anzunehmen, dass Zeyher den Flieder überhaupt erst nach Schwetzingen gebracht hatte. Das Kreisparterre des Schlossgartens schmücken zahlreiche Fliedertuffs, die auf das Pflanzgenie zurückgehen. Im städtischen Bereich gibt es außerdem an der Ortseinfahrt von Mannheim kommend Fliederbüsche.

Die Person Zeyher spielt für den Schlossgarten eine wichtige Rolle, für sein Ansehen und seine Ausstrahlung, derentwegen jährlich hunderttausende Besucher in die Große Kreisstadt kommen. Bereits sein Vater war Gärtner, freiherrlich-seckendorfischer Kunstgärtner, weshalb der

Johann Michael Zeyher ist der Schöpfer des Ehrenhofs

Franke Johann Michael ebenfalls dieses Handwerk lernte. In der zweiten Hälfte des 18. Jahrhunderts war der englische Gartenstil in Mode gekommen. Aus diesem Grund sammelte der junge Mann Erfahrung durch die Mitarbeit bei der Umgestaltung der Gartenanlagen des Lustschlosses Triesdorf bei Ansbach. In Ludwigsburg und Stuttgart belegte er Fächer wie Mathematik, Planzeichnen, Botanik und Landschaftsgärtnerei, was in seiner späteren Anlage im hiesigen Park deutlich zu erkennen ist.

Schließlich volontierte Zeyher in Karlsruhe bei dem dortigen Hofgärtner und wurde durch diesen und dessen Aufträge in die Meisterschaft englischer Gartenbaukunst eingeführt. Seine Karriere begann durch Markgräfin Karoline Luise, die ihn protegierte, sodass der begabte Florist Hofgärtner wurde. Inzwischen war er in Basel gelandet, hatte dort geheiratet und wurde in der ganzen Schweiz herumgereicht. Schließlich bestellte Kurfürst Karl Friedrich im Jahr 1804 Zeyher zum Hofgärtner in Schwetzingen, angeblich nach persönlicher Prüfung. 1806 verlieh man ihm den Titel eines Gartenbaudirektors.

Nun bestand seine Aufgabe in der Beaufsichtigung des Schwetzinger Schlossgartens als auch aller herrschaftlich-badischer Anlagen. Dieser kam er mit Eifer in Mannheim, Karlsruhe oder Baden-Baden nach. Als Zeitgenosse Schimpers, den er gut kannte, legte er als Krönung seiner wissenschaftlichen Arbeit ein Herbarium an, das er von seinem Freund und Pflanzenkenner mit betreuen ließ.

Der kinderlose Hofgärtner hinterließ der Sommerresidenzstadt testamentarisch einen großen Teil seines Vermögens. 1825 erhielt er für seine Verdienste das Ritterkreuz des Zähringer Löwenordens und 1835 die Ehrenbürgerschaft der Stadt. 1826 wurde er zum Großherzoglichen Geheimen Hofrat ernannt. Neben dem bereits erwähnten Naturwissenschaftler Schimper empfing der, wie man heute sagen würde, Stargartenbauarchitekt viele bekannte Gäste in seinem Privathaus. Tragischerweise starb der Dichter Johann Peter Hebel überraschend, als er während einer Schulinspektion bei Zeyher übernachtete. Er wurde auf dem alten Friedhof begraben, so wie später sein Gastgeber, der allerdings 1870 eine neue Ruhestätte fand. Sein Grabmal ist noch heute auf dem neuen Friedhof zu besichtigen.

Den Ehrenhof gestaltete Zeyher 1835 um, denn vorher diente der Platz, woraufhin der Name weist, als befestigte Auffahrtsfläche für die Kutschen der höfischen Gesellschaft im 18. Jahrhundert. Ovale Schmuckbeete, ganz dem Zeitgeschmack entsprechend, ließ der Gartendirektor anlegen und entschied sich dabei für Fliederbüsche: natürlich geometrisch angelegt, achsensymmetrisch auf beiden Seiten des in der Mitte liegenden Hauptzugangswegs zum Schlossportal. So schreitet der Besucher zur besten Frühlingszeit durch einen Aromenrausch hindurch in ein Pflanzen-, Blumen-, Sträucher- und Wiesenreich. Dabei hört er den ehemaligen Gärtnergenius still und heimlich auf seiner Wolke lachen.

EHRENHOF
AN DER OSTSEITE DES SCHLOSSES
68723 SCHWETZINGEN

20 Das Gedächtnis der Stadt

Sachgebietsleiter Joachim Kresin wacht über das Stadtarchiv

Was bringt einen gebürtigen Schwaben ins Badische? Besonders, weil doch alle wissen, wie sehr sie sich mögen, die »Gelbfüßler« und die »Badenser«, auch heute noch. Doch soll es so manchem Schwaben gelungen sein, in Baden Fuß zu fassen und dabei sogar zu Ruhm und Ehre zu kommen. Ein Beispiel dafür ist Joachim Kresin. 2016 feierte er seinen 50. Geburtstag und ist somit seit zehn Jahren gescheit, denn nach schwäbischer Auffassung wird ein Schwabe das ja im Alter von 40 Jahren. Tatsächlich ist er damit seit knapp über zehn Jahren der Hüter des geschichtlichen Herzens der Großen Kreisstadt, ein kaum überschaubarer Job bei so viel Historie wie in Schwetzingen.

»Mein Arbeitsplatz bietet mir alle Möglichkeiten, kreativ zu arbeiten, sei es die Modernisierung des Stadtarchivs voranzutreiben oder die Öffentlichkeitsarbeit in all ihren Facetten anzugehen. Dabei ist stets meine Handschrift zu sehen. Die Stadtverwaltung, die Stadtspitze und auch die mir wohlgesonnenen Bürger geben mir den Rückhalt, den Respekt und die Bestätigung, dass mein eingeschlagener Weg der richtige ist. Dies ist Antrieb genug«, betont der Neubadener.

Er konnte das runde Wiegenfest sogar gemeinsam mit seinem Arbeitsplatz feiern, ist dieser doch seit 1966 im Erdgeschoss des Rathauses untergebracht. Seit 1987 gibt es das Landesarchivgesetz, das jede Stadt dazu verpflichtet, ein Archiv zu führen. Es soll vor allem ein Dokumentationszentrum für die Stadtgeschichte sein und in dieser Funktion der Bevölkerung zur Verfügung stehen. Nach dem Umbau im Jahr 2010 darf es sich mit seinem neugestalteten Eingangsbereich benutzerfreundlicher und moderner präsentieren. Die Sammlung gibt es freilich schon länger. Sie wurde 1889 in einem Archivverzeichnis erwähnt und beinhaltet größtenteils Unterlagen der Stadtverwaltung, immerhin beginnend mit dem Jahr 1831. Aufgehoben werden darin Akten, Amtsbücher, Protokollbücher, Rechnungen, Urkunden und ein umfangreiches Sammlungsgut aus Fotos und Dias, Grafiken, Karten und Plänen, Film- und Tonaufnahmen sowie Zeitungsartikeln.

Joachim Kresin begrüßt jüdische Gäste im Schloss

Auch schriftliche Nachlässe von Schwetzinger Personen wurden und werden noch gerne aufgenommen und vervollständigen den umfassenden Archivbestand. Es bleibt nicht stehen, sondern bewegt sich ständig weiter.

»Das Stadtarchiv erarbeitet eine neue Stadtgeschichte, die mithilfe zahlreicher Autoren zur 1250-Jahrfeier von Schwetzingen im Jubiläumsjahr 2016 erscheint. Darüber hinaus gibt es im nächsten Jahr in Zusammenarbeit mit dem Stadtmuseum Karl-Wörn-Haus und zahlreichen Sammlern eine Ausstellung zur Stadtentwicklung, die gut vorbereitet sein will«, erklärt der Chef. Ihm ist inzwischen jedoch nicht nur *seine* Sammlung wichtig, sondern die ganze Stadt. »Da ich nicht in Schwetzingen geboren bin, wird meine emotionale Bindung an die Stadt nicht durch klassische Faktoren wie Familie oder Kindheitserlebnisse bestimmt. Für mich ist die Erfüllung immer wieder emotional bewegend, die ich durch meine Tätigkeit im Stadtarchiv verspüre. Dazu gehören die Begegnungen mit Kollegen, Bürgern und Archivbenutzern, die mir das Gefühl geben, angekommen zu sein. Ich genieße meine täglichen Spaziergänge in der Mittagspause durch den Schlossgarten, wo hin und wieder ein Glücksgefühl aufkommt und ich es kaum fassen kann, dass ich diese Schönheit immer wieder aufs Neue genießen darf«, freut sich der gar nicht hölzerne Archivar. »Ich habe durch die Beschäftigung im Schwetzinger Stadtarchiv tatsächlich meinen beruflichen Lebenswunsch verwirklicht. Gleichwohl bin ich offen für mögliche Veränderungen, wohin mein Weg mich auch führen wird.«

Aufgewachsen ist Kresin im ländlichen Gäu in der Nähe der Fachwerkstadt Herrenberg, wo er sein Abitur machte. Seine erste berufliche Station führte ihn in die Industrie. Den Spuren seines Vaters folgend machte er eine Ausbildung zum Industriekaufmann und war nach erfolgreichem Abschluss fünf Jahre im Einkauf beschäftigt. Weit entfernt von Schwetzingen oder gar der Beschäftigung mit der Geschichte. Doch kam es 1989 nicht nur zur Wende für Gesamtdeutschland, sondern auch für den künftigen Archivar dieser Stadt.

Die Dorfkirche von Gäu sollte 1991 ihr 900. Jubiläum feiern und suchte Mitwirkende. Kresin, der sich schon immer stark für Geschichte interessiert hatte, sah dies als seine Chance. Er nahm Kontakt zum Stadtarchiv Herrenberg auf, um mit dem dortigen Leiter eine Kirchengeschichte zu erarbeiten. Zwei Jahre intensive Forschungen in unterschiedlichen Archiven nach Feierabend und an den Wochenenden führten zu einer schönen Veröffentlichung, die andere Kirchengemeinden der Umgebung bewog, ihr Jubiläum in ähnlicher Form zu begehen. Das hieß für den Hobbyhistoriker, schnell in weiteren Projekten (neben der täglichen Arbeit) involviert zu sein. Spätestens zu diesem Zeitpunkt musste er sich Gedanken über seinen weiteren Lebensweg machen. Er entschied sich, zum Leidwesen seiner Eltern, den festen Job zu kündigen, ein Praktikum im Stadtarchiv Herrenberg zu beginnen und anschließend das Fachhochschulstudium der Archivwissenschaften zu absolvieren.

Nach dem Abschluss gab es leider keine freien Stellen, sodass er zunächst in selbstständiger Arbeit eine stadtgeschichtliche Ausstellung zum 150-jährigen Bestehen der Kreissparkasse Herrenberg in

Joachim Kresin bei einer Führung

Zusammenarbeit mit dem Stadtarchiv Herrenberg konzipierte und realisierte. Diese Ausstellung *Herrenberg – Schlaglichter 1250–1900* wurde dann von Joachim Kresin in den städtischen Fruchtkasten als Dauerausstellung überführt. Im März 1998 trat er eine erste, allerdings auf drei Jahre befristete Stelle als Archivar im Zentralarchiv der evangelischen Kirche der Pfalz an. Danach folgte eine weitere Befristung im heimatlichen Stadtarchiv Herrenberg. Seit 2004 ist er der erfolgreiche Leiter des Schwetzinger Stadtarchivs, zunächst als Einzelkämpfer und seit einigen Jahren mit Unterstützung einer Halbtagskraft. Und manche unvergessliche Begebenheit bewahrt er in seinem eigenen Gedächtnis:

»Das wichtigste Ereignis in der Vergangenheit war die Begegnung mit den ehemaligen Schwetzinger Bürgerinnen und Bürgern jüdischen Glaubens, die aus aller Herren Ländern bei der Einweihung der jüdischen Gedenkstätte in der Zeyherstraße im Jahr 2006 zugegen waren. Damals erfuhr ich als Organisator dieser Begegnung ein hohes Maß an Freundschaft und Dankbarkeit.«

Nach unten, in den Keller und ins Allerheiligste, dürfen nur wenige Erlauchte, an die dort aufbewahrten Handschriften nur er selbst. Auskünfte erteilt er gerne, sein Wissen um die Schwetzinger Geschichte ist mehr als umfangreich. Ob es nun um geheime Liebesgeschichten oder handfeste Tatsachen geht, Joachim Kresin ist der Mann, der alles weiß. Der Archivar, der sich gut in der Fliederstadt eingelebt hat, beweist auf Führungen durch die Stadt, wie sehr er sich inzwischen mit Schwetzingen verbunden fühlt.

»Schwetzingen strahlt für mich immer noch das Flair der einstigen Sommerresidenz der Kurfürsten von der Pfalz aus. Weil für mich diese Geschichte spürbar und durch Gebäude und Straßenzüge erlebbar ist, fühle ich mich sehr wohl«, erzählt der drahtige Mann, der, was wirklich kaum jemand weiß, mit Vergnügen Rosenzüchter geworden wäre. Beinahe notwendigerweise gibt er sich im Frühling dem Spargel hin, wie könnte das anders sein in dieser Stadt.

»Ich mag Spargel sehr und kann bedingt durch meinen Wohnort in der Nähe zu Dudenhofen, einer Spargelgemeinde in der Pfalz, zwischen dem Schwetzinger und dem Pfälzer Spargel wählen. Mir schmeckt jedoch der Schwetzinger Spargel besser, insbesondere die alte Sorte *Schwetzinger Meisterschuss*, die man leider nur noch selten zu kaufen bekommt. Als begeisterter Koch kommt bei mir Spargel traditionell als Stangenspargel mit Kartoffeln/Pfannkuchen und Sauce Hollandaise auf den Tisch.«

Und wer hätte gedacht, dass der gelernte Industriekaufmann eine echte Leidenschaft fürs Tanzen hat, überhaupt sehr sportlich ist. Mit ein bisschen Glück kann man das Gedächtnis der Stadt gelegentlich entweder im Schwimmbad treffen oder auf Inlinern durch die Straßen pesen sehen. Immer in Bewegung.

STADTARCHIV
ERDGESCHOSS DES RATHAUSES
HEBELSTRASSE 1
68723 SCHWETZINGEN

PARFUMS HAAS
ARMIN HAAS
MAITRE DES MAITRES DES PARFUMS
GRASSE - PROVENCE / FRANCE
SCHWETZINGEN / ALLEMAGNE

21 Eine Nase in Schwetzingen

Parfümeur Armin Haas verduftete aus der Karl-Theodor-Straße

Ein bisschen muss man an Jean-Baptiste Grenouille denken, den Hauptprotagonisten des genialen Romans *Das Parfum* von Patrick Süßkind. Doch ist Armin Haas weder ein Mörder, noch hat er keinen eigenen Geruch, sondern er ist ein ganz normaler Mensch aus Fleisch und Blut. Fehler hat er auch schon gemacht in seinem Leben, wie der Parfümeur lachend zugibt. »Ich habe, glaube ich, so ziemlich alle Fehler gemacht, die man machen kann. Habe daraus gelernt und versucht, diese nicht zu wiederholen – das war Planung. Dass sich unter dem Strich doch alles recht gut entwickelte – das war Glück.« Nicht nur, möchte man meinen, denn der Herr der Wohlgerüche hat etwas, was man allgemein als »Nase« bezeichnet: Er kreiert Düfte. Deshalb muss man auch nicht nach Grasse fahren, um in den großen Parfümfabriken wie *Molinard* oder *Fragonard* nach außergewöhnlichen Duftkreationen zu forschen. Auch die Fahrt mit dem TGV, welche die Schwetzinger in wenigen Stunden nach Paris bringt, kann ohne Parfümeriestress zum dortigen Frühstück genutzt werden. In der Mannheimer und in der Karl-Theodor-Straße mitten in der Fliederstadt gibt es Düfte, die ausschließlich dort verkauft werden.

Den Meister höchstpersönlich trifft man nicht in einem seiner beiden Läden in der Innenstadt. Diese übergab er bereits 2014 an einen Jüngeren, Jürgen Renchen, und ist nun Privatier, der auch gerne Golf spielt. Dem Parfüm bleibt der Talentierte natürlich treu. Er kreiert weiterhin Düfte und baut die *Haas-Linie* mit seinem Partner in Grasse aus, wo die Haas-Düfte produziert und abgefüllt werden.

Das Muttergeschäft hat ihn zum Glück nicht verloren. Der *Chef* ist ein kommunikativer Mensch und pflegt den Kontakt zu seinen Kunden. »Samstags bin ich immer da, viele der Käufer sind in den langen Jahren sogar zu Freunden geworden«, freut sich der lebenslustige Mann. Nachfolger Renchen stammt aus Öhringen und betreibt 25 private Parfümerien unter dem Namen *Akzente*, der sich in Schwetzingen mit dem Zusatz *Haas by Akzente* schmückt. Das mittelständische Familienunternehmen betreibt zusätzlich einen sehr erfolgreichen Onlineshop.

»Schwetzingenparfums« von Armin Haas

»Man kann nicht aus einem Duft auf den Charakter eines Menschen schließen. So wie man verschiedene Stimmungen hat, wählt man verschiedene Düfte. Auch die Jahreszeiten spielen eine Rolle. Wer komplett unabhängig ist, wählt seinen Duft auch unabhängig davon, ob dieser für Männlein oder Weiblein bestimmt ist, einen Unisex-Duft. Düfte sollen die Persönlichkeit unterstreichen, nicht sie überdecken«, erklärt der Parfümmeister Armin Haas die Philosophie des Wohlgeruchs.

Dass er 2015 65 Jahre alt wurde, mag man nicht wirklich glauben, wenn man den sportlichen Mann betrachtet. Eine Ausbildung zum Drogisten lag in jungen Jahren sehr nahe, da bereits sein Vater diesen Beruf in der eigenen Drogerie ausübte. Er hatte noch vor Beginn des Zweiten Weltkriegs die *Adler-Drogerie* übernommen, errichtet auf dem ehemaligen *Franziskanerkloster.* Er gab ihr später seinen eigenen Namen: Drogerie Haas.

Armin Haas arbeitete bei seinem Vater, bis er das elterliche Geschäft 1982 komplett übernahm. Er spürte, dass die Zeit für frischen Wind gekommen war, und überlegte gemeinsam mit seiner damaligen Frau, aus welcher Richtung der kommen sollte. Wie so oft regelte das Schicksal diese Aufgabe, denn ein Brand zerstörte das alte Inventar. Zuerst sahen sie nur das Unglück, doch dann auch die große Chance, einen Neuanfang als Parfümerie zu wagen. »Spielte ich in meinen jungen Jahren häufig auf dem Tennisplatz von Blau-Weiß Schwetzingen, so war es die letzten 25 Jahre meine Parfümerie, die mich komplett in Anspruch nahm«, erklärt er.

In den Folgejahren wandte sich der Schwetzinger immer mehr der Kosmetik und Parfümerie zu. 1983 eröffnete er das Kosmetikinstitut im ersten Obergeschoss, dann 1990 seine Filiale in der Mannheimer Straße. Bewusst setzt der clevere Geschäftsmann auf Exklusivität und hat dabei Kosmetikmarken und Parfümhäuser in seinem Sortiment, die es nicht in den vielen Duftdiscountern zu kaufen gibt. Er wollte sich absetzen, etwas Besonderes anbieten, für Menschen, die Exklusivität, Fachkompetenz und persönliche Beratung zu schätzen wissen.

»Ich wollte nie hinterherhecheln, lieber vorausgehen, habe mich sehr früh auf Nischen im Parfüm- und Kosmetikmarkt konzentriert. Damit wollte ich mich abheben von den Feld-Wald-Wiesen-Parfümerien. Ich wollte, dass die Leute statt ›Ich gehe in eine Parfümerie‹ sagen ›Ich geh zum Haas‹ oder ›Ich geh zum Armin‹«, beschreibt er sein damaliges Ziel, das er perfekt erreichte.

Doch es sollte noch ein wenig dauern, bis der Geschäftsmann tatsächlich seinen eigenen Duft auf den Markt brachte: 2002 stellte er der Welt und seiner Stadt *Haas No 1 – Eau de Château de Schwetzingen* vor. Sofort folgte eine Auszeichnung: *First in Beauty.* Hochmotiviert begann Haas 2005 eine Ausbildung zum *Maître des Parfums,* die er mit der Auszeichnung *Maître des Maîtres des Parfums,* bester Maître von Deutschland, krönte. Nun bringt er beinahe jährlich ein neues Duftwasser in der *Haas-Linie* heraus. Und natürlich bastelt er bereits an einem neuen Parfüm, passend zum Jubiläumsjahr 2016, in enger Zusammenarbeit mit der Schlossverwaltung Baden-Württemberg.

Doch warum gab er sein Geschäft ab? Als Selbstständiger wird man nicht ins Rentenalter versetzt, außer, man möchte das so. Und genau dies war bei Armin Haas der Fall. »Es gibt noch sehr viel, was ich realisieren möchte«, meint er zu diesem Punkt. »Als Kind wäre ich gerne Förster geworden. Dies ist auf den Einfluss meiner Eltern und Großeltern zurückzuführen, die mir sehr früh die Düfte der Natur, die Liebe zu Bäumen, Blumen, Heilkräutern und Pilzen nahegebracht haben. Als Jugendlicher in der achten und neunten Klasse entwickelte ich einen Hang zur Archäologie durch meinen damaligen Lehrer, der uns statt Unterricht zu Ausgrabungen mitnahm, wo

Die Lavendelfelder um Grasse liebt Armin Haas

wir Schüler für das Museum mithelfen durften. Für uns war das wie Schatzsuche. Also wäre Archäologe auch eine Option gewesen«, sinnierte der jugendliche Mann. Jetzt gräbt er dafür unentdeckte Buketts aus.

Seine eigenen Schöpfungen waren und sind das wichtigste Unterscheidungsmerkmal gegenüber herkömmlichen Parfümerien. Es gibt nicht viele Maîtres in Deutschland. Und wie wichtig ihm dabei der Bezug zu Schwetzingen ist, zeigen alleine schon die Namen seiner Kreationen: *Eau de Château de Schwetzingen, La Fin du Monde de Schwetzingen, Le Jardin de la Mosquée de Schwetzingen.* Sie klingen wie Musik in den Ohren und geben der Vorliebe des Meisters für die französische Sprache Ausdruck.

»Wir befinden uns in Konkurrenz zu vielen Stadten in der Umgebung. Alles buhlt um Kunden, Besucher, Touristen. Ich würde bei allen Aktivitäten das Kurfürstliche hervorheben, denn das unterscheidet uns von anderen«, bringt er auf den Punkt, was viele denken. »Schwetzingens Einzigartigkeit basiert auf unserem Schloss mit Garten, dem Barock. In dieser Zeit waren florale Düfte sehr beliebt, in

Deutschland heute nicht mehr so, in den USA und England schon«, erzählt er. Die sportlichen europäischen Frauen bevorzugen frische, fruchtige Noten. Bei sinnlichen Düften geht der Trend in Richtung Vanille, Ambra und Moschus.

»Düfte sind wie Emotionen. Deswegen kann man nicht ein einziges Parfüm zu allen Gelegenheiten tragen. Wichtig ist, dass es zur Person passt, mit der Haut harmoniert. Auf den Punkt gebracht: dass man sich in seiner Haut wohlfühlt!« Früher kamen um die 15 neue Düfte jährlich auf den Markt. Dass es heute bis zu 1.000 weltweit pro Jahr sind, erfreut den Parfümeur nicht unbedingt, da es den Parfümkäufer total überfordere. Umso wichtiger ist die fachkundige Beratung. Er verrät, dass es gerade die kleinen Marken seien, die für das Ausgefallene stehen.

Wenn er nicht in der Hauptstadt des Wohlgeruchs, im südfranzösischen *Grasse* weilt, wird er weiterhin in Schwetzingen präsent bleiben. »Ich mag die Stadt, die Menschen, die zentrale Lage, das herrliche Schloss mit Schlossgarten, und vor allem das Glück, hier geboren worden sein, hier zu Hause zu sein«, betont der echte Schwetzinger Armin Haas seine Liebe zu dieser Stadt.

»Bis zum heutigen Tag bin ich stolz, wenn ich gefragt werde, wo ich herkomme, und ich sagen kann: aus Schwetzingen«. Obwohl dem Vater zweier erwachsener Kinder so vieles im Leben gelungen ist, gestattet er sich, Träume und Ziele zu haben. Welche dies genau sind, das bleibt sein Geheimnis.

HAAS BY AKZENTE
KARL-THEODOR-STRASSE 18
68723 SCHWETZINGEN
WWW.AKZENTEPLUS.DE

22 Zwischen Babuschka und Katharina II.

Chorleiterin Elena Spitzner komponiert in der Musikschule

Sibirien – wer denkt da nicht sofort an Doktor Schiwago im romantischen oder an den Gulag im schlimmsten Fall. An Eiseskälte, endlose Weiten, wärmende Bärenfellmützen und gefühlvolle Menschen. Die gerne Wodka trinken und dann noch lieber singen. Komponistin, Pianistin, Sängerin und Chorleiterin Elena Spitzner braucht kein Wässerchen, um in die richtige Stimmung für Musik zu kommen. Das in Kemerowo (Sibirien) geborene Energiebündel ist immer »on her line«. Ob mit Erwachsenen bei den *SchwetSingers*, mit Nachwuchstalenten beim Kinderchor oder als Showkanone mit ihrer reinen Frauenformation *Evas Töchter.*

Doch was trieb die blonde Schönheit aus ihrer Heimat der Birkenwälder und Taiga in die südliche Kurpfalz, in welcher der Kartoffelschnaps zum, wie man ihn *hier* nennen würde, Grumbeere-Feuerwasser geriete. »Nach Deutschland bin ich rein zufällig gekommen. Mein deutscher Mann hatte eine Wolgakreuzfahrt gemacht, und so lernten wir uns kennen. 1994 heirateten wir und bereits 1995 kam unsere Tochter Anastasia im Kreiskrankenhaus Schwetzingen zur Welt.« Seither lebt sie in der Region. »Ich bin glücklich, dass ich in Deutschland gleich angekommen, sprich integriert, war. Meine erste deutsche Heimat war Oftersheim, und meine Familie bildete, neben meiner eigenen, der katholische Kirchenchor in Oftersheim. Jetzt wohnen wir seit 10 Jahren in Mannheim, aber meine Seele ist und bleibt im gemütlichen Schwetzingen.

»Meine erste emotionale Verbindung mit Schwetzingen ist stark mit der Sprache Deutsch verbunden. Ich hatte zuerst in der Schwetzinger Volkshochschule bei einer wunderbaren Lehrerin Unterricht. Diese Frau hat mir viel geholfen, was die Sprache angeht, dazu mir mit viel Liebe die deutsche Kultur und alles, was dazu gehört, beigebracht. Darüber hinaus waren ihre Enkelkinder meine allerersten Klavierschüler«, schwärmt die Russin. Elena Spitzner ist ausgebildete Musiklehrerin. In Kemerowo wurde sie zunächst an der dortigen Kindermusikschule ausgebildet mit Hauptfach Klavier und erwarb später ihr erstes Diplom für Klavier, das zweite für Chorleitung in Kazan, in Mannheim dann ein drittes im Fach Elementare Musikpädagogik. Kein Wunder, dass

Elena Spitzners reine Frauenformation Evas Töchter

sie primär mit den Kleinen von fünf bis elf Jahren zusammenarbeitet.

Der Sängerbund Schwetzingen hatte ihr in den Jahren 2001 und 2002 angeboten, den Kinderchor zu leiten und damit bereits die Jüngsten an die musikalischen Grundbegriffe heranzuführen. Die Stimmbildung ist der Chorleiterin besonders wichtig, und dass die Stücke altersgerecht sind. Wie gut sie ihren Job dabei macht, zeigen die Aufführungen von Kindermusicals, in den Hauptrollen natürlich die Sänger ihres Chors, und komponiert von der Frau an der Spitze. *Die Mär von Klaus und seinem Teddybär* (2000), *Schneewittchen* (2005) und *Wuschel haut ab* (2007) wurden in der Stadt am Schloss uraufgeführt, Schneewittchen sogar im Rokokotheater.

Gleichzeitig mit der Übernahme des Kinderchores wollte der Sängerbund auch frischen Wind für den *Jungen Chor,* der Elena ein wenig zu steif daher kam. »Da es mit den jungen Leuten irgendwie schwierig war, habe ich vorgeschlagen, einen Projektchor zu organisieren, der dann meiner Art von Chorleitung entsprechen würde. Ich wollte einfach, dass ein Chor nicht nur stur mit Notenmappen rumsteht und singt, sondern sich auch bewegt, sich zeigt, sich ausdrückt. Das erste Projekt hieß *Musicals für Genießer,* im Juli 2003. Diese erste Show mit Kostümen und Choreografie wurde vom Chor präsentiert. So etwas hatte es bis dahin in unserem Bezirk noch nicht gegeben, denke ich. Das war ganz neu für Laienchöre. So wurden die *SchwetSingers* geboren«, freut sich die quirlige Dame, die offenbar mit diesem Engagement noch immer nicht ausgelastet war.

Dieses Ensemble ist in der Region nicht nur gut gebucht, sondern in über zehn Jahren auf beinahe 50 Mitglieder herangewachsen. Eine stolze Leistung, so viel Menschen in einen Takt zu bringen. Doch damit nicht genug der Aktivitäten. *Evas Töchter* sind Elena Spitzner zusammen mit den Kolleginnen Anne Malsam und Christina Laqua. Ein freches Trio, das in ihren Revuen zeigt, wo der Hammer hängt. Nicht nur den anwesenden Herren.

Musik und Text stammen von den Künstlerinnen, die Genres, die sie für ihre Show wählen, kommen aus allen Richtungen, die sie perfekt beherrschen. Die Musikerin beschreibt diese »Nebentätigkeit« wie folgt: »In meiner Freizeit trete ich mit meinen beiden Freundinnen in dieser Formation auf. Nicht nur in der Alten Wollfabrik, sondern man lädt uns auch nach Weinheim in die Alte Druckerei und sogar nach Mannheim ein, ins *Schatzkistl* oder in das *Capitol.* Das macht mich sehr stolz!« Das kann sie auch sein, denn mit dieser Gruppe hat Elena sogar die Schwetzinger Hymne geschrieben und zum ersten Mal aufgeführt, als Dr. René Pöltl zum OB gewählt wurde.

»Ich bin sehr glücklich, dass ich das machen darf, was ich gelernt habe«, sagt die bescheidene Frau zum Abschluss. Man wird sich freuen dürfen, welche musikalischen Paukenschläge sie für Schwetzingen noch bereithält.

MUSIKSCHULE BEZIRK SCHWETZINGEN E.V.
MANNHEIMER STRASSE 29
68723 SCHWETZINGEN
WWW.MUSIKSCHULE-SCHWETZINGEN.DE

23 An der Platte und kein bisschen leise

Seniorenmeisterin Lore Eichhorn zieht es in die Orangerie

Lore Eichhorn ist 1939 geboren und denkt überhaupt nicht daran, von der Tischtennisplatte an den Rollator zu wechseln. Man könnte fast behaupten, Sport sei ihr Leben, wären da nicht noch ihr Ehemann Walter und ihr Sohn Ralf, und ihre große Liebe zu ihrer ehemaligen Firma. »Ich besuche noch immer gerne die Firma Apparate- und Filterbau, einfach nur so, ein Schwätzchen halten«, veranschaulicht die noch immer gertenschlanke Seniorenmeisterin ihr Leben.

Langweilig ist ihr nie. Trainiert sie nicht gerade an der Platte, so hält sich die geborene Schwetzingerin häufig in der Orangerie des Schlossgartens auf. »Für mich war der Schlossgarten schon immer der Lieblingsplatz, das wird sich nicht mehr ändern«, erklärt die Ausnahmesportlerin. Doch wie kam es zu ihrer einzigartigen Karriere? In einem 2013 veröffentlichten Interview der Publikation *Schwetzinger Frauenzimmer* erzählte Lore Eichhorn bereits ihre Geschichte, die sich grundsätzlich in den letzten Jahren nicht geändert hat. Ihr Wunsch ist es, sich im Wesentlichen auf diesen Text zu berufen. Darin wie im Gespräch betont sie, dass Sport für sie nicht nur Bewegung bedeute, sondern auch Spaß und Gemeinschaft. Durch Sport könnten Menschen miteinander in Verbindung treten. Aussagen, welche die Welt der agilen Dame wohl bestens beschreiben.

Seit 1950 spielt sie Tischtennis, gleich zu Beginn ihrer Karriere in der deutschen Mädchen-Nationalmannschaft. Sie bezeichnet sich selbst als ehrgeizig, siegorientiert. Daher verwundert es kaum, dass sie auf enorm viele Triumphe zurückschauen kann, wie badische Meistertitel, Erfolge auf süddeutscher und deutscher Ebene, mit der Mannschaft, im Einzel, Doppel und Mixed. Und noch immer verbucht. Für den Schwetzinger Turnverein 1864 ist die Wettkämpferin die erfolgreichste Sportlerin aller Zeiten, weshalb er sie zum Ehrenmitglied ernannte. Die Leser der *Schwetzinger Zeitung* wählten sie gar zur Sportlerin des Jahres 2004.

An die Entdeckung ihres Talents kann sie sich noch sehr gut erinnern: »Mein Vater Karl Spilger hatte sich das Schlüsselbein gebro-

Auszeichnungen für Seniorenmeisterin Lore Eichhorn

chen, weshalb ihm sein Arzt Tischtennis zur Genesung empfahl. Also stellte er eine Platte im Zimmer auf und spielte mit mir immer wieder Bälle hin und her. Dabei erkannte er, dass ich mit dem Ball gut umgehen konnte, und schickte mich ins Training zum Turnverein 1864. Nach einem Jahr Training war ich im Alter von 13 Jahren im Jahr 1953 schon badische Schülermeisterin. Das ging alles ganz schnell.«

Nach diesem grandiosen Auftakt war sie nur zwei Jahre später Mitglied der deutschen Mädchen-Nationalmannschaft. In der englischen Metropole London trat sie sogar als jüngste Teilnehmerin im Turnier an und errang kurze Zeit später in Österreich und im damaligen Jugoslawien erste internationale Siege. »Das war für mich eine ganz besonders schöne Zeit. Durch den Sport habe ich viel erlebt und gesehen, was anderen Jugendlichen in meinem Alter und auch meinen vier Geschwistern nicht möglich war«, blickt sie gerne in diese Zeit zurück.

Ihr Freizeitvergnügen hinderte sie nicht daran, eine gute Schülerin zu sein, eine Lehre als Verkäuferin zu absolvieren und schließlich in der Bezirkssparkasse zur Bankkauffrau umzuschulen. Es war ihr Traum, im Büro zu arbeiten, und den setzte sie konsequent durch. »Auch nach der Geburt meines Sohnes Ralf im Jahr 1965 habe ich noch bis zu meiner Rente halbtags sehr gerne in einem technischen Büro gearbeitet.«

Einen leicht variierten Berufswunsch hatte sie als junge Frau dennoch: »In meiner Jugend hatte ich den Traum, Sportlehrerin zu werden, da ich im Geräteturnen und Leichtathletik sowie beim Tennis auch ganz gut war. Doch da fehlte das Geld. So einfach wie heute war es damals nicht. Ich hatte noch viele Geschwister.« Den Sport ließ sie wegen ihres Berufs nie außer Acht. Eine Auszeit nahm Lore Eichhorn nach der Hochzeit mit Walter Eichhorn und der Geburt des gemeinsamen Kindes. Allerdings, darauf weist sie immer wieder hin, habe ihr Mann sie in ihrer sportlichen Laufbahn stets unterstützt und trainiere mit ihr. »Er ist noch heute mein Partner im Tischtennis. Wir sind ein gutes Team – mit gegenseitiger Toleranz, Respekt und einem starken Familiensinn.« Die Athletin kann die vielen Preise, die sie im Laufe der Zeit einheimste, nicht mehr aufzählen, sie gewinnt ständig neue hinzu.

Zehnmal holte sie bei den deutschen Seniorenmeisterschaften Gold, achtmal Silber und sechsmal Bronze. Seit vielen Jahren ist sie badische Seniorenmeisterin und hat sowohl mit der Mannschaft als auch im Einzel, Doppel und Mixed bei den südwestdeutschen und süddeutschen Turnieren gewonnen. Ihre Heimat hat sie nie verlassen und würde dies auch nicht mehr tun. »Ich fühle mich in Schwetzingen sehr wohl«, erzählt die bewegliche Tochter der Stadt. Die Lage, die Einkaufsmöglichkeiten und schlicht der vor der Haustüre liegende Schlossgarten überzeugen sie und ihren Mann, am richtigen Platz sein. Besonders häufig zieht es die beiden in die Orangerie, wo sie verweilen und einfach nur genießen.

NEUE ORANGERIE IM SCHLOSS
68723 SCHWETZINGEN
WWW.SCHLOSS-SCHWETZINGEN.DE/
SCHLOSS/AUSSTELLUNGEN/ORANGERIE-
AUSSTELLUNG/

24 Die Florence Nightingale Schwetzingens

Wohltäterin Clementine Bassermann wohnte im Palais Ysenburg

Sie bekam als erste Frau in Schwetzingen und in Baden die Ehrenbürgerschaft. Sie war eine der großen Wohltäterinnen der Stadt, eine Tochter aus gutbürgerlichem Hause. Dass man heute relativ viel über Clementine Bassermann weiß, liegt an ihren beiden fleißigen Töchtern Wilhelmine Baumann und Pauline von Dusch, die Tagebuch führten und somit Informationen über ihre außergewöhnliche Mutter der Nachwelt überlieferten.

Die Familie hatte im südlichen Zirkelbau des Schlosses ein Lazarett während des deutsch-französischen Krieges 1870/71 eingerichtet, wo Clementine sich vorbildlich um die Verwundeten kümmerte. Dies brachte ihr den Vorsitz als Präsidentin des Schwetzinger Frauenvereins ein. Außerdem stattete sie, als Mitglied einer sehr vermögenden Familie, die Kleinkinderschule und die Höhere Töchterschule mit großzügigen Stiftungen aus. Schließlich brachte ihr dieses Engagement 1897 die Ehrenbürgerwürde ein.

Sie war das Kind des kulturell interessierten Juristen Joseph Georg Sommer, der für seine Heiterkeit bekannt war, und der Witwe Maria Anna von Heimrodt. Sie brachte einen Sohn mit in die Ehe. Noch vor der Tochter Clementine kam deren Bruder Alfred zur Welt.

Ungewöhnlich für die damalige Zeit wuchsen alle drei Kinder sehr frei auf. Das junge Mädchen lernte sehr früh den Umgang mit dem männlichen Geschlecht, gegen das sie sich erfolgreich durchsetzte. Dieses Vermögen blieb ihr den Rest des Lebens erhalten. Von ihrem Geburtsort Karlsruhe zogen die Sommers nach Mannheim, die Schülerin war damals elf Jahre alt. Unterrichtet wurde sie auf einer Privatschule, nahm Stunden in Englisch und Französisch und spielte Klavier. Eine klassische Vorbereitung für die spätere gute Partie, die sie mit Herrn Bassermann dann machen sollte. Allerdings nicht mit ihrem damaligen Verlobten Ludwig Bassermann, der die Verbindung löste, nachdem ihre Mutter frühzeitig gestorben und der Vater durch einen Sturz beeinträchtigt war.

Frau Gustav Bassermann Wtw.
Clementine,
geborene Sommer,

die allzeit hilfsbereite Förderin des Gemeinwohls, die aufopferungsvolle Freundin der Armen und Kranken, die freigebige Gönnerin der Schulen, ernennt

die Stadtgemeinde Schwetzingen
zum Zeichen des Dankes und der Liebe
zur
Ehrenbürgerin
durch diese Urkunde.

Schwetzingen, den 3. Dezember 1897.
Der Gemeinderat:
C. Mechling Bürgermeister.
Ratschreiber.

Ehrenbürgerurkunde von 1897. Clementine Bassermann erhielt 1897 für ihre sozialen und karitativen Verdienste als erste Frau Badens die Ehrenbürgerwürde.

Die junge Frau ließ sich zur Erzieherin ausbilden, als der Vater 1848 überraschend starb und wenig Geld hinterließ. Während ihrer ersten Anstellung im Weingut Jordan in Deidesheim lernte sie 1851 Gustav Bassermann kennen, ihren späteren Mann. Gustav war der Sohn des reichen Bankiers und Unternehmers Friedrich Ludwig Bassermann in Mannheim, in dessen Fußstapfen er allerdings nicht trat. Clementines Töchter schrieben später, die große Liebe sei es nicht gewesen, jedenfalls nicht von seiner Seite, während sie sich dem Ideal ihrer Lebensvorstellung durch diese Heirat stark annäherte. Seine Mitgift war beträchtlich und ernährte die künftige Familie.

Er selbst soll ziemlich unbeherrscht gewesen sein. Die vier Kinder wuchsen mit Liebe zur Mutter und Angst vor dem Vater auf. Zunächst lebten sie in Mannheim, bis sie 1864 ins ruhigere Schwetzingen übersiedelten, auf Wunsch des Familienoberhaupts. Für seine Ehefrau bedeutete dies das große Los. Das Ysenburg'sche Palais war zwar groß, aber außen unscheinbar. Und Schwetzingen galt damals in den Augen der weltoffenen Großstädter Mannheims als dörflich und altbacken. Eine Einstellung, die sicherlich zu jener Zeit zutraf. Die Sprösslinge wurden daher vom gesamten Umfeld bedauert. Zu Unrecht, denn die Töchter beschreiben das Hausinnere später als geräumig und schön und liebten, wie ihre Mutter, ganz besonders den weiträumigen Garten.

Lebten sie in den ersten Schwetzinger Jahren eher zurückgezogen, so blühte Clementine am neuen Wohnort mehr und mehr auf. Ihre gesellige Art hatte sie wahrscheinlich von ihrem Vater geerbt. Sie war ein gern gesehener Gast, der Frauenverein wählte sie schnell zur Vorsitzenden. Einen Einschnitt bildete dann der Krieg. Die tatkräftige Frau übernahm federführend die Leitung des Pflegedienstes und hatte die Aufsicht über die Krankensäle. Ihre Kinder wuchsen heran und versorgten die kinderliebe Großmutter mit immerhin 10 Enkelkindern. 1875 starb ihr Ehemann, nach 24 gemeinsamen Jahren.

Sein Erbe brachte sie in die Situation, karitativ wirken zu können, indem sie einen Teil davon für Arme und das städtische Spital spendete. Sie unterstützte Schulen, baute eine Kleinkinderschule neu, beschaffte Unterrichtsmaterialien und bewahrte Gebäude aus kurfürstlicher Zeit. Für diese Leidenschaft und der erfolgreichen Umsetzung erhielt sie schließlich 1897 die Ehrenbürgerwürde. Sie erkrankte später an Demenz und starb nach langem Leiden 1910 in Schwetzingen, das sie noch heute mit einer Straße und einer Tafel im Rahmen des Historischen Pfads an ihrem geliebten Haus in der Forsthausstraße ehrt.

PALAIS YSENBURG
FORSTHAUSSTRASSE
68723 SCHWETZINGEN

25 Temperament und letzte Ruhe

Stadträtin Raquel Rempp besinnt sich auf dem Friedhof

Vor beinahe 60 Jahren kamen die Eltern der Stadträtin Raquel Rempp, die sich in hohem Maß für Migranten und Flüchtlinge engagiert, von der iberischen Halbinsel mit Arbeitsvertrag in unsere nordischen Lande. Sie waren, wie man das damals nannte, Gastarbeiter. Allerdings reisten die beiden nicht zusammen nach Deutschland, sondern lernten sich erst in der neuen Heimat kennen, verliebten sich und heirateten. Beide hatten keinerlei Deutschkenntnisse und bauten sich dennoch eine Existenz auf. Wer hätte gedacht, dass sich die Tochter später einmal mit der perfekten Beherrschung der Landessprache ihr Geld verdienen würde.

Wollten die Eltern anfangs noch zurück in ein Land, in dem Orangenbäume wachsen, Paella mit frischen Meeresfrüchten angerichtet wird und die Sonne beinahe immer scheint, hatte das Leben etwas anderes mit ihnen vor und die Familie blieb. Und zwar in Gütersloh, wo der Hund begraben liegt. Raquel Rempp wurde 1965 dort geboren und wuchs, seit sie in die deutsche Schule ging, zweisprachig auf. Sie beherrscht beide Sprachen fließend. Abitur und Ausbildung erfolgten ebenfalls in Deutschland. Raquel empfindet dieses Land als ihre wirkliche Heimat. Jeden Urlaub verbrachte die Familie, als Raquel noch bei den Eltern wohnte, in Spanien. Ihre Lebhaftigkeit und ihre Vorliebe für alles, was aus dem Meer kommt, sind eindeutig mit dem Süden in Verbindung zu bringen.

Doch ist sie, wie sie findet, ziemlich deutsch. Ihr deutlicher Hang zur Pünktlichkeit und eine außerordentliche Gewissenhaftigkeit beispielsweise zählt sie zu den Eigenschaften, die für Südeuropäer nicht die oberste Priorität hätten. Ihr Engagement für Integration beruht auf eigenen Erfahrungen. Das »Gastarbeiterkind« wurde in den 70er-Jahren nicht immer gut behandelt. Sie kennt beide Seiten: die gute wie die negative. Dazu gehört, dass leider bis heute die Familien aufgrund der mangelnden Sprachkenntnisse unter sich bleiben. Die Staatsangehörigkeit in Deutschland geborener Kinder ist erst seit 2000 automatisch deutsch, Deutschkurse sind inzwischen Pflicht.

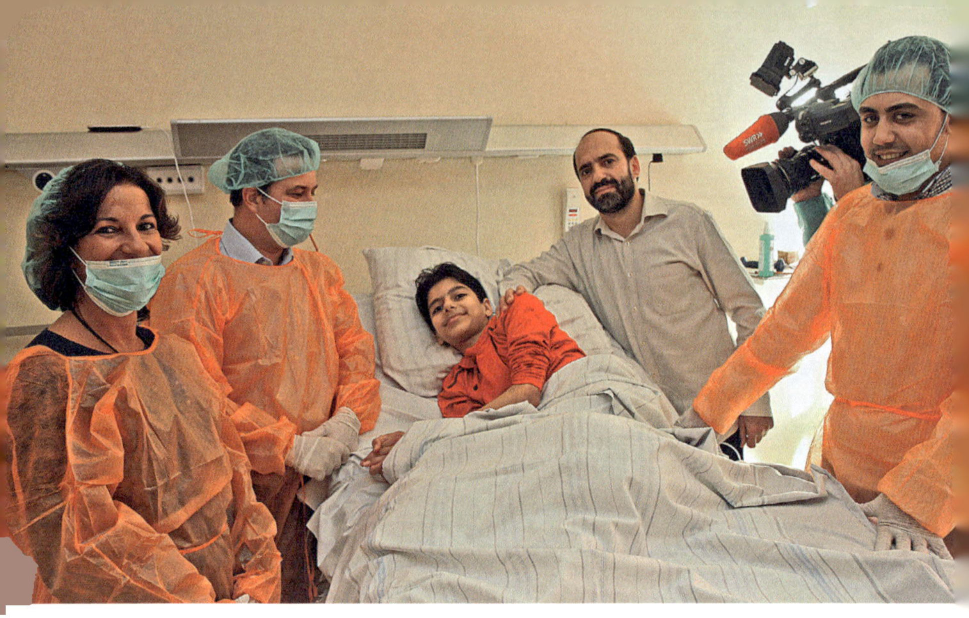

Stadträtin Raquel Rempp mit einem geretteten Flüchtling

Lange Jahre drückte sie sich darum, neben der spanischen auch die deutsche Staatsbürgerschaft zu erlangen, der bürokratische Akt war ihr einfach zu groß. Nun können Einwanderer beide haben, was ihrem Empfinden am besten entspricht, nämlich beiden Nationen anzugehören. Für die erste Schwetzinger Stadträtin mit doppelter Staatsbürgerschaft, die als Fußballfan bei Weltmeisterschaften mitfiebert, gibt es einen weiteren Vorteil: Bei einem Spiel Deutschland gegen Spanien oder umgekehrt kann sie immer beiden Mannschaften die Daumen halten. Es ist egal, wer gewinnt.

Wenn die leidenschaftliche Frau sich einmal von all ihren Projekten geistig befreien möchte, geht sie gerne auf den städtischen Friedhof. Er ist für sie ein Ort der Ruhe, der Erinnerungen und menschlicher Begegnungen. Sie besucht dort ihre beste Freundin, die mit 34 Jahren gestorben ist, und ihren über alles geliebten Papa. Wie die mit einem Deutschen verheiratete Mutter dreier Töchter in Verbindung mit Schwetzingen steht, verriet sie im Interview.

Viola Eigenbrodt: Wie lässt sich Ihre gefühlsmäßige Verbindung zur deutschen Stadt Schwetzingen beschreiben?

Raquel Rempp: Meine emotionale Verbindung zu Schwetzingen ist von Anfang an, seit 1970, sehr intensiv. Seit Kindergartentagen, ich habe in Schwetzingen vor 30 Jahren mein Abitur gemacht. Ich liebe unsere Stadt und bin sehr dankbar dafür, sie seit 2009 dank der Bürger, die mich mit ihren Stimmen unterstützten, als Stadträtin mitplanen und -gestalten zu dürfen.

Welches war Ihr wichtigstes Erlebnis in der letzten Zeit?

Für mich persönlich war die Kommunalwahl im Jahr 2009 ein sehr wichtiges Erlebnis. Von Platz 11 (meine Lieblingszahl ist die 11) auf Platz 2 direkt gewählt zu werden als »Unbekannte« in Schwetzingen (will sagen: Habe keinen alten Schwetzinger Namen, gehöre zu keiner alten Schwetzinger Familie) und als erste damals noch fraktionslose Ausländerin in den Schwetzinger Stadtrat gewählt zu werden, hat mich schon ein bisschen stolz gemacht und unheimlich gefreut. Für mich war es etwas ganz Besonderes. Und natürlich die Nominierung und die Auszeichnung mit der Anette-Albrecht-Medaille in Heidelberg 2014, die mir wegen meines Engagements im Behindertenbeirat seit ungefähr zehn Jahren und für die Idee, das Projekt »Mobile Rampen aus Berlin« nach Schwetzingen zu holen, verliehen wurde. Die Medaille war mit einem Preisgeld von 1.000 Euro verbunden, das ich für Flüchtlinge und deren Asylverfahren verwendet habe. Ebenso unser erster Abend für Afghanistan im Lutherhaus am 29. Juli 2015 mit fast 600 Gästen – eine Wahnsinnsorganisation und ein Riesenerfolg.

Was wissen die Bürger dieser Stadt noch nicht über eine Frau, die so in der Öffentlichkeit steht wie Sie?

Ab und an habe ich das Gefühl, dass manche Bürger meinen (wollen), mehr über mich zu wissen als ich selbst. Aber im Ernst: Ich habe Menschen beim Sterben begleitet, ich besuchte 17 lange Jahre mehrmals in der Woche die geschlossene Abteilung eines Pflegeheimes und ich habe in einem Hunderestaurant in Seoul tatsächlich Hund gegessen.

Was gefällt Ihnen an der Stadt Schwetzingen und fühlen Sie sich wohl?

Schwetzingen hat genau die richtige »Größe«. In vielerlei Hinsicht. Es ist nicht zu groß, um unpersönlich und kalt zu werden. Es ist aber

Stadträtin Raquel Rempp in den Tompkin Barracks

auch nicht zu klein, jeder hat genug Privatsphäre für sich. Es liegt sehr zentral. Meiner Meinung nach hat Schwetzingen vieles, um glücklich sein zu können. Ideal für Familien mit Kindern (viele Kindergärten und Schulen) und auch für unsere älteren Mitbürger haben wir schöne und zentrale Wohnmöglichkeiten. Ja, ich fühle mich wohl.

Gäbe es für eine so engagierte Frau wie Sie überhaupt andere Berufsoptionen?

Klar, die gibt es immer.

Können Sie sich vorstellen, auch woanders zu leben?

Ja, könnte ich schon. Eine kleine schöne Insel, auf der es keinen Winter gibt, würde mir gefallen. Ich bin sehr verfroren, wie viele Südländer.

Sie lieben ja Fisch und Meeresfrüchte. Wie schaut es denn mit Spargel aus?

Ich mag Spargel. Ein besonderes Rezept gibt es nicht, da ich nicht wirklich das Kochen für mich als Leidenschaft entdeckt habe.

Sind neue Projekte in Aussicht?

Viele. Kommunalpolitische, Stadtentwicklung, Thema »Flüchtlinge« und generell immer weiter den Menschen helfen.

Sie haben sich mit Ihrer Arbeit einen Lebenswunsch verwirklicht. Sind Sie schon angekommen, oder bleibt da noch Platz für Träume?

Ich habe immer Träume. Ich möchte unter anderem zwei Bücher schreiben. Die Inhalte habe ich schon seit Jahren im Kopf.

Schwetzingen ist eine gerne besuchte Stadt mit Flair. Denken Sie, dass Schwetzingen Ihnen in diesem Punkt bei der Verwirklichung Ihrer Ziele in ausreichendem Maße entgegenkam und -kommt?

Ich bin zufrieden. Ja.

Was hat Sie besonders beflügelt, zwischen Schloss und Spargel einen so erfolgreichen Weg zu gehen?

Die Menschen, denen ich bisher geholfen habe. Sie beflügeln mich und sie sind es, die mich inspirieren. Richtig glücklich ist man erst, wenn man andere glücklich macht. Das trifft auf mich zu.

Was inspiriert Sie in der geschichtlich bedeutenden Stadt?

Die Menschen. Mich inspirieren immer die Menschen und ihre Geschichten.

Wenn Sie heute Kurfürstin wären, welche Anregungen würden Sie Schwetzingen mit auf den Weg geben?

Die Stadtpolitik immer mit Herz auszuüben.

Welche »Fehler« haben Sie in Ihrem Leben vermieden, war das Glück oder zielgerichtete Planung?

Schwierige Frage. Prinzipiell plane ich nicht, Fehler zu vermeiden. Fehler machen wir alle, dafür sind wir Menschen, und nicht perfekt. Fehler sind subjektiv: Was der eine Mensch als Fehler betrachtet, sieht der andere nicht. In der Regel höre ich auf mein Herz, wenn es sagt: Raquel, mach das. Dann mache ich das.

FRIEDHOF SCHWETZINGEN
MANNHEIMER LANDSTRASSE 4
68723 SCHWETZINGEN

26 Schmuckstücke für ein Schmuckstück

Goldschmied Carsten Kissner in seinem gleichnamigen Atelier

Goldschmied Carsten Kissner hat ein klares Statement: »Ich sehe mich natürlich als Künstler.« Er empfindet sich als Erschaffer von Werken, die man mit sich herumtragen kann, die auf der Haut zu spüren sind und welche die eigene Persönlichkeit nach Möglichkeit unterstreichen. Schon sein Lehrmeister und Vorbild Michael Zobel aus Konstanz vermittelte ihm frühzeitig, dass ein Goldschmied mehr ist als »nur« ein Handwerker. »Ich möchte Unikate entwickeln, harmonische Schmuckstücke durch ihre Gestaltung und in ihrer Funktion«, erklärt er seine Vorgehensweise. Denn schon für Zobel habe die Devise gegolten: Ein Schmuckstück soll ein Konzept darstellen, eine Idee, der sich dann das Material unterordnet und schließlich von ihm beseelt wird.

Seit gut 20 Jahren ist der junge Vater von drei Kindern bei der Sache. Einer Ausbildung an der Berufsfachschule für Goldschmiede in Pforzheim ließ er eine Anschlusslehre bei Zobel folgen, dessen Mitarbeiter er bis zum Jahre 2003 blieb. So ganz nebenbei belegte er zahlreiche Seminare, Kurse und Ausbildungen in Sondertechniken wie die der Granulation, in Filigran, Zeichnen oder zum Edelsteinfassen. Der Goldschied erhielt einige Preise und stellte mehrfach aus.

Den Sprung ins kalte Wasser wagte Kissner 2004, indem er eine Goldschmiedewerkstatt in Weinheim gründete, die er im Juli 2011 nach Schwetzingen verlegte. Warum, war von Anfang an klar: »Ich habe ein starkes Heimatgefühl zur Kurpfalz, Schwetzingen ist eines der schönsten Städtchen der Region. Da ich in der Rhein-Neckar-Region geboren und aufgewachsen bin, macht es Freude, ein Bestandteil dieser schönen Stadt zu sein.«

Einer seiner größten Wünsche ging 2015 in Erfüllung, als er nach vier Jahren von der Herzogstraße an die schönste Promenade der Stadt umziehen und dort neu eröffnen konnte. Der Designer freut sich: »Schwetzingen hat wie kaum eine andere Stadt der Region eine Fülle von Festen und Aktivitäten zu bieten. Mein persönliches wichtiges Ereignis ist ganz aktuell: Der Umzug meines Ladengeschäftes in

Die Goldschmiede von Carsten Kissner

die neuen Räumlichkeiten im historischen Marstall. Für mich einer der wichtigsten Momente in meinem Leben. Für die Entscheidung, diesen Schritt zu tun, spielte Schwetzingen als attraktiver Standort eine große Rolle.« Natürlich hat er auch für sein taufrisches Studio, in dem sich die drei Mitarbeiter Helen Otto, Franziska Krupp und Genadij Bergen mit ganzem Herzen und voller Ideen einbringen, seine Philosophie nicht verändert.

Kissner definiert sie voller Inbrunst: »Besondere Schmuckstücke gehen für mich meist einher mit außergewöhnlichen Edel- und Schmucksteinen. Daher arbeite ich sehr viel mit eben solchen schönen Launen der Natur und definiere mein perfektes Schmuckstück als visuellen Dreiklang. Die erste Note erschafft die Natur mit einer schönen Seltenheit, diese wird von der zweiten Note, einem talentierten Edelsteinschleifer erkannt und mit viel Gefühl herausgeschliffen. Als Goldschmied und Gestalter fällt nun mir die Aufgabe der dritten Note zu, ein in Gestaltung und Funktion harmonisches Schmuckstück daraus zu entwickeln und zu fertigen.«

Doch es gibt auch noch eine andere Passion, von der nicht sehr viele Menschen wissen, Kissner ist nämlich ein begeisterter Pfadfinder.

»Ich bin Europapfadfinder und gehöre dem in Hockenheim, Oftersheim und Schwetzingen ansässigen Bund der Europapfadfinder des Gaus Kurpfalz an. Ich erwähne das an dieser Stelle, da es sich um eine wichtige Institution handelt, die junge Menschen maßgeblich in ihrem Charakter und ihrer Persönlichkeit formt und stärkt. Die Aktivitäten und erlernten Fertigkeiten, gerade im Hinblick auf Gemeinschaftssinn, Führungsqualitäten und Sozialkompetenz, haben meinen Lebensweg entscheidend geprägt und mich mit zu dem gemacht, der ich heute bin. Diesem Bund bin ich bis heute sehr verbunden.«

Der Flieder- und Spargelstadt fühlt sich der kreative, ruhige Mann, der nie etwas anderes werden wollte als Goldschmied, inzwischen sehr verbunden. Und er schwärmt, beinahe möchte man meinen wie alle Schwetzinger, von einem bestimmten Ort.

»Schwetzingens Schlossplatz ist einer *der* Orte der Begegnung in der Region. Das Summen des Stimmenwirrwarrs in lauen Sommernächten ist einzigartig.«

Kein Wunder also, dass es Kissner außerordentlich freut, genau in dieser Stadt in der Zukunft arbeiten und entwerfen zu können.

»Natürlich nenne ich mit einem gewissen Stolz meinen Lieblingsplatz mein Atelier, das eines der schönsten Ateliers für Schmuck und Kunsthandwerk im Rhein-Neckar-Raum sein dürfte. Die historischen Gemäuer des Marstalls haben schon viel erlebt, Befehle der Offiziere beim Exerzieren im Hof, den Großbrand, den Wiederaufbau und vieles mehr, das inspiriert mich auch.« Für 2017 plant der mobile Goldschmied sogar eine Ausstellung in den USA, in Tuscon, Arizona, und ganz sicher wird diese nicht seine letzte gewesen sein.

SCHMUCKATELIER & GALERIE
CARSTEN KISSNER
KARL-THEODOR STRASSE 8D
68723 SCHWETZINGEN
WWW.CARSTENKISSNER.DE

27 Die Vermessung Schwetzingens

Wolfgang Schröck-Schmidt in der Schlösserverwaltung

Der Kunsthistoriker, Archäologe und Ägyptologe Wolfgang Schröck-Schmidt verfolgt ein Ziel: die Vermessung Schwetzingens. Das ist ein Scherz, in dem ein wahrer Kern steckt. Denn Schröck-Schmidt, seit Anfang der 90er-Jahre für die Schlösserverwaltung mit Sitz direkt im Schloss tätig, ist fasziniert von der Sichtachse Königstuhl, dem Heidelberger Hausberg, zu der höchsten Erhebung der Pfalz, der Kalmit. Genau in deren Mitte liegt das Schwetzinger Schloss.

Der Kunsthistoriker führt nicht nur zahlreiche touristische und kunsthistorische Fahrten in ganz Europa durch, sondern ermisst auch geschichtliche Ereignisse nach deren Relevanz. Sollte er eine gefunden haben, so veröffentlicht er gerne einen historischen Roman darüber in seiner eigenen Edition. »Mich interessiert vor allem das gesellschaftliche Werden in der Pfalz. Die Privatmode in der Zeit der Aufklärung, die sich in den gut erhaltenen Räumen des Badhauses zeigt, oder der philosophische Hintergrund des Schlossgartens, in dem ich einen ›Hort der Bildung‹ vermute. Aber auch die Stadt mit ihrem sensationell beruhigten Schlossplatz, mit der guten Gastronomie mit dem südländischen Flair gefällt mir ausgesprochen gut«, erzählt der stets gut gelaunte Kurpfälzer.

Wie stark er der Geschichte dieser Region verbunden ist, erklärt Schröck-Schmidt so: »Ich sammle Daten zur Pfälzer Geschichte und bin bis dato bei 4.019 Daten angelangt. Sie soll mal mein Vermächtnis an die Kurpfalz werden.« Da er vorhat, das bis zur Rente auszuweiten, darf man sich in Schwetzingen auf neue bibliophile Ausgrabungen freuen.

STAATLICHE SCHLÖSSER UND GÄRTEN
BADEN-WÜRTTEMBERG
SCHLOSS SCHWETZINGEN
68723 SCHWETZINGEN
WWW.SCHLOESSER-UND-GAERTEN.DE

28 Benzin im Blut und Design im Herzen

Rennfahrer Marcus Walz cruist neuerdings im Walzwerk-Café

Im wahrsten Sinne »auf der Walz« ist der Hockenheimer Motorradveredler Marcus Walz, obwohl er gar kein Zimmermann ist, seit er 2013 zusammen mit dem Schwetzinger Gastwirt Ali Ghawami das ehemalige *Café Journal* übernahm. Daraufhin taufte er es auf seinen Namen um: *WalzWerk-Café. Walz-Hardcore Cycles* hieß die Firma, die der Motorradfreak vor knappen 25 Jahren gründete und so hochwertige Motorräder baute und veredelte, dass Walz bald schon international agierte. Durch seinen Erfolg motiviert rief er 2008 ein zweites Unternehmen ins Leben: die *WalzWerk GmbH.* Nachdem Walz 2010 seine erste Firma verkauft hatte, widmete er sich ganz der zweiten im Veredlungsgeschäft, deren alleiniger Besitzer und Gesellschafter der ehemalige Rennfahrer bis heute ist. Und nun walzt er hin und her, zwischen Mannheim und Schwetizngen.

Für die neue Gastronomie schwebte dem USA-Fan gleich eine Mischung aus American Diner, Sportsbar und Hardrock-Café vor: Gasoline, Speed und Pancakes. In Schwetzingen trifft man sich gerne zum Frühstück. Diese Vorliebe erkannte der Motormeister und serviert im *WalzWerk* ein äußerst reichhaltiges Frühstück, das normalerweise für den Rest des Tages sättigt. Wer über einen eher amerikanischen Magen verfügt oder einfach viel arbeitet und Hunger hat, der findet im Walzwerk große, saftige Steaks, handgemachte Burger und klassische, – Vorsicht! – sehr kalorienhaltige und daher äußerst leckere Desserts.

»Frisch und qualitativ hochwertig muss es sein, unbedingt saisonal und regional, das rundet den ›American way of life‹ ab«, darauf schwören beide Chefs Ali Ghawami und Marcus Walz. Ganz neu im Angebot: »Wir haben den Spargel-Burger ins Leben gerufen. Das ist ein Burger mit einem saftigen Angus-Patty, frischen zarten Spargelspitzen, Schinken und hausgemachter Sauce Hollandaise. Da bin selbst ich schwach geworden«, lacht er.

Das Gebäude, in dem das *WalzWerk-Café* untergebracht ist, ist von hohem historischem Wert. Um 1726 betrieb Johann Michael Renkert an dieser Stelle das Wirtshaus *Zum Ochsen.* Namhafte Persön-

Marcus Walz denkt im Café über neue Projekte nach

lichkeiten gingen dort ein und aus, allen voran die Musiker der Mannheimer Schule. Als Komponist Christoph Willibald Gluck 1774 nach Schwetzingen kam, traf er sich vor der Audienz beim Kurfürsten im Ochsen mit den Mitgliedern der Hofkapelle. Auch Friedrich von Schiller übernachtete auf seiner Reise nach Mannheim zur Uraufführung der *Räuber* am 12. Januar 1782 im Ochsen. Fast kam er zu spät zur Premiere, hatte er sich doch auf einen Flirt mit einer Kellnerin eingelassen. Nach einem späteren Neubau erhielt das Gasthaus den Namen *Erbprinz,* den die neuen Besitzer vom angeschlossenen Hotel übernahmen.

Der Zweiradbauer schmückt zudem das Café mit allerhand Erinnerungen an sein »zweites Leben«. Unzählige Devotionalien und sogar Motorräder, die Walz nach seinen Ideen kreierte, zeugen im Gastraum von der Kreativität ihres Erschaffers und natürlich von dessen prominenter Kundschaft. Und was kann kaum idealer in dieses Konzept passen als gute handgemachte Livemusik.

Rock im Werk heißt das Musikprojekt, mit dem das *WalzWerk* samstags am Schlossplatz für Furore sorgt. Einzelne Musiker und Bands dürfen sich der Region vorstellen, live und ehrlich. Unter Verzicht publikumswirksamer Schiedsrichter wie in den vielen Challange-Shows. Marcus Walz ist geboren in Heidelberg und aufgewachsen in Schwetzingen, er liebt seine Heimat und erzählt gerne aus seinem interessanten Leben.

Viola Eigenbrodt: Wenn Sie nicht gerade in Ihrem Café sind, wo kann man Sie noch treffen?

Marcus Walz: Ich bin noch Inhaber einer Motorrad-Handlung in Mannheim. Nachdem ich das Café und das Hotel in Schwetzingen übernommen hatte, verlegte ich das Büro meines Motorrad-Geschäfts nach Schwetzingen an den Schlossplatz. In erster Linie natürlich, um die interne Infrastruktur meiner Betriebe unter einem Dach zu haben. Aber ein weiteres wichtiges Argument ist, dass ich den Großteil meiner Zeit einfach gerne in Schwetzingen verbringe. Die Eröffnung meines lang gehegten Traums ist daher für mich das wichtigste Ereignis der letzten Zeit.

Konnten oder besser können Sie sich vorstellen, auch einen ganz anderen Beruf auszuüben?

Ich war mein Leben lang schon immer offen für alles, also warum nicht! Dazu muss ich aber sagen, dass ich in meinem Leben schon so einige *Berufsoptionen* gelebt habe: Gelernt habe ich Maschinenbau und arbeitete einige Jahre in Eppelheim bei der Firma Wild im Maschinen-Sonderbau. Anschließend verdiente ich mehrere Jahre als Motorradrennfahrer bei *Kawasaki* mein Geld, bis ein schwerer Unfall meine Karriere beendete. Mit 24 machte ich mich dann selbstständig und gründete eine global tätige Motorrad-Manufaktur, die ich über 16 Jahre lang geleitet habe, bevor ich die Firma 2010 verkaufte. Seit 2007 arbeite ich als Motorrad-Designer für große Weltkonzerne wie beispielsweise Yamaha in Japan, Ducati in Italien oder Triumph in England. Seit 2013 bin ich Hotelier und Gastronom. Mal schauen, was das Leben sonst noch bereithält.

Gibt es denn schon Ideen?

Da gibt es viele. Die beziehen sich aber hauptsächlich auf mein Motorrad-Business. Mehr wird nicht verraten!

Das WalzWerk *kann sich auch innen sehen lassen*

Sie sind ja ein echter USA-Liebhaber. Waren Sie schon oft drüben und könnten Sie sich vorstellen, ganz über dem großen Teich zu wohnen?

Ich habe für einen längeren Zeitraum in Miami/USA und auf Ibiza gelebt. Und beruflich bereiste ich die letzten 25 Jahre nahezu die ganze Welt. Aber wirklich wohl und zu Hause habe ich mich immer nur in Schwetzingen gefühlt!

Worin besteht für Sie der Wohlfühlfaktor?

An Schwetzingen gefällt mir im Sommer das mediterrane Flair auf dem Schlossplatz. Deshalb ist dies der Ort, an dem ich mich sowohl privat als auch geschäftlich rundum wohl fühle. Wann immer ich Besuch von Freunden aus dem Ausland habe (oder auch einfach nur von weiter weg), höre ich immer gerne deren Begeisterung, wenn ich mit ihnen auf den Schlossplatz gehe. Im Prinzip lebe und arbeite ich da, wo andere gerne Urlaub machen. Was gibt's Schöneres?

Also sind Sie in Ihrem Leben angekommen. Oder träumen Sie trotzdem weiter?

Platz für Träume ist immer! Und Träume sollte man sich auch immer bewahren. Beruflich bin ich angekommen, weil ich das, was ich mache, gerne mache und weil es mein Leben positiv bereichert.

Denken Sie, dass Schwetzingen Ihnen in diesem Punkt bei der Verwirklichung Ihrer Ziele in ausreichendem Maße entgegenkam und -kommt?

Ich denke, das Konzept *WalzWerk-Café* würde auch an anderen Standorten erfolgreich funktionieren, nicht nur auf dem Schwetzinger Schlossplatz. Trotzdem war es ein großes Glück, dass exakt zum Zeitpunkt der Standortsuche passende Räumlichkeiten direkt am Schlossplatz frei wurden. Das Flair der Stadt, des Schlosses und des Schlossplatzes kam dem *WalzWerk-Café* aber durchaus entgegen.

Hat es Sie inspiriert, in einem der ältesten Gebäude der Stadt zu residieren oder hat es eher Ängste aufgebaut wegen der alten Tradition?

Fasziniert und beeindruckt bin ich von der Architektur und der Geschichte des historischen Gebäudes, in dem sich das *WalzWerk-Café* und das *Hotel zum Erbprinzen* befinden. Als Besitzer eines der ältesten Hotels (ich glaube, sogar das älteste in Schwetzingen überhaupt) fühlen wir uns in besonderem Maße dem kurfürstlichen Erbe und der Stadthistorie verantwortlich und versuchen, dieses Erbe in angemessener Weise zu erhalten. Dafür haben wir beispielsweise das gesamte Gebäude, das Hotel und das Restaurant 2013 nach der Übernahme aufwändig renoviert. Es war nicht von Anfang an geplant, den Schlossplatz als Standort für das *WalzWerk-Café* zu wählen. Wir haben uns parallel Räumlichkeiten in Mannheim und Heidelberg angeschaut. Doch Zufall und Glück haben wirklich gewaltig nachgeholfen. Dass sich das *WalzWerk-Café* in so kurzer Zeit in Schwetzingen etabliert und integriert hat, unterstreicht nochmal deutlich die Vorzüge dieses Standortes.

Wenn Sie heute Kurfürst wären, welche Anregungen würden Sie Schwetzingen mit auf den Weg geben?

Ich denke, als Kurfürst würde ich zuerst die teilweise fragwürdigen Regeln und Bestimmungen, den Schlossplatz betreffend, hinterfragen und ändern, um den ansässigen Gastronomen (und Steuerzahlern) das Leben nicht unnötig schwer zu machen.

Damit spricht Marcus Walz sicher einigen Kollegen aus dem Herzen.

WALZWERK-CAFÉ
KARLSRUHER STRASSE 1
68723 SCHWETZINGEN
WWW.WALZWERK-CAFE.DE
WWW.MARCUS-WALZ.COM

29

Ein Herz für Kinder

Fotograf Theo Stadtmüller gründete den Waldorfkindergarten

Jeder kennt ihn, wenn er mit seiner Nikon »bewaffnet« wieder einmal in der ganzen Stadt unterwegs ist, um die Spargelkönigin, den OB, die Churfürstliche Gesellschaft oder interessante Gesichter zu fotografieren. Schlossplatz, Spargelfrau und allen voran der Schlossgarten haben es dem »Hoffotografen« Theo Stadtmüller besonders angetan. Letzterer in allen möglichen Variationen, zu allen Jahreszeiten und aus allen Perspektiven.

Der Fotograf mag das kleine, aber feine Städtchen mit den netten Menschen, die einem das Wohlfühlen erleichtern. Geboren in Diez an der Lahn würde Stadtmüller seine neue Heimat, wenn auch sehr lange neu, nicht wieder verlassen. Seine beiden Kinder zogen seine Frau und er hier auf. »Den Dialekt werde ich aber nie lernen«, erklärt er lachend.

Wenn er nicht seiner Passion, der Fotografie, nachgeht, ist der umtriebige Mann besonders mit sozialen Projekten beschäftigt. Kindern gehört dabei sein ganzes Herz, neben seiner Frau. So gründeten die beiden vor rund 20 Jahren den freien Waldorfkindergarten in Schwetzingen, was nicht ohne Hürden zu schaffen war. »In vielen Gesprächen mit dem damaligen Oberbürgermeister Gerhard Stratthaus und dem Gemeinderat konnten wir unser Vorhaben im Vereinshaus Bassermann umsetzen. Auch einen gemeinnützigen Verein, der die Gründung und Trägerschaft des Kindergartens übernommen hat, durfte ich mit initiieren.« Darauf ist Stadtmüller wirklich stolz. Und da er nicht rostet, wurde 2014 eine Fachschule für Sozialpädagogik eröffnet, deren Gründung er im Rahmen eines gemeinnützigen Vereins mit betrieb. Theo für den Rest der Welt.

FREIER WALDORFKINDERGARTEN
MARSTALLSTRASSE 51
68723 SCHWETZINGEN
WWW.WALDORFKINDERGARTEN-SCHWETZINGEN.DE

Kultur ohne Barrieren

Sonderpädagogin Claudia Weitzel im Restaurant Blaues Loch

Sie bezahlte den Sprung ins kalte Wasser teuer. Damals, vor sehr vielen Jahren, als sich das Leben der Elfjährigen auf einen Schlag änderte. »Als drittes und jüngstes Kind eines Dorfschullehrers verbrachte ich die ersten zehn Jahre meines Lebens frei und unbeschwert in einem 600-Seelen-Dorf in Rheinland-Pfalz«, erzählt die Sonderpädagogin Claudia Weitzel. »Diese glückliche Zeit drehte sich in den Sommerferien 1971 nach einem unbedachten Köpfer in einen See ins Gegenteil. Ich wurde direkt nach Heidelberg in eine Spezialklinik für Querschnittsgelähmte katapultiert. Dort teilten mir die Ärzte mit, dass ich für den Rest meines Lebens im Rollstuhl sitzen und auf fremde Hilfe angewiesen sein werde. Gottlob war mir mit elf Jahren die Tragweite dieser Mitteilung noch nicht klar, und ich machte mich wacker daran, mein ›neues Leben‹ zu meistern.«

Damals habe das Wort »Inklusion« im deutschen Sprachgebrauch noch nicht existiert, selbst von Integration sei man noch weit entfernt gewesen. »Es gab keine Schule im näheren Umkreis, die bereit war, mich aufzunehmen. Nur eine Klosterschule für Mädchen in Bingen am Rhein sagte zu. Die Sache funktionierte wunderbar, meine Mitschülerinnen haben mich ganz selbstverständlich die Treppen rauf und runter geschleppt. Ich hatte nie das Gefühl, nicht dazu zu gehören. Leider war der Weg zur Schule auf Dauer zu weit. Da ich schon lange im Rehabilitationszentrum in Neckargemünd angemeldet war, blieb ich dort bis zum Abitur. Nach zwei Semestern Sonderschulpädagogik an der PH in Heidelberg habe ich Sozialarbeit studiert und mit Diplom abgeschlossen.«

Die ruhige, aber tatkräftige Frau weiß aus eigener Erfahrung, wie schwer es ist, am öffentlichen Leben teilzunehmen, wenn man eine Behinderung hat. »Dabei ist es heute schon viel besser als damals«, freut sich die heute Mittfünfzigerin. Angestellt bei *Der Paritätischen*, einer Vereinigung der freien gemeinnützigen Kranken- und Pflegeanstalten, rief sie Mitte der 2000er-Jahre ein Projekt ins Leben, dessen Idee zwar nicht originär von ihr stammte, aber ihr ganzes En-

Claudia Weitzel fühtl sich in Schwetzingen verwurzelt

gagement forderte. »Manche Ideen ergeben sich einfach von selbst«, erzählt sie munter. Im Jahr 2004, dem Jahr des behinderten Menschen, formierte sich ein Aktionsbündnis in Heidelberg, das endlich einmal alle Behinderten zusammenfasste. Daraus ergab sich ein Projekt, in das sie sehr viel Herzblut steckte, denn sie wollte »die Teilhabe behinderter Menschen am kulturellen Leben fördern und erleichtern«.

Schließlich strebten Claudia Weitzel und die vielen anderen, die an den Projekten beteiligt waren, vor allem das Miteinander an, die Verständigung zwischen Menschen mit und ohne Behinderung durch Kunst und Kultur als Mittel. »Wir möchten mit Veranstaltungen das Thema einer breiteren Öffentlichkeit nahe bringen«, kommentiert die umtriebige Rollifahrerin, »ohne moralischen Zeigefinger, ohne schlechtes Gewissen, sondern subtil, wohldosiert, mit viel Spaß und Kreativitat.«

Durch all ihre Aktivitäten ist Claudia Weitzel mittlerweile in der Region verwurzelt und ist, wie viele andere Rollstuhlfahrer mit einer ähnlichen »Karriere«, im gleichen Ort geblieben. »Ich habe viel Projektarbeit gemacht, unter anderem die Koordination des 5. Internationalen Rollstuhlmarathons in Heidelberg, das Projekt *Kultur ohne Barrieren*, mit dem wir in Schwetzingen eine Aktion für Sehbehinderte durchgeführt hatten«, erzählt sie stolz.

Der Fliederstadt ist sie schon beinahe ihr ganzes Leben lang treu. Dafür gibt es gute Gründe. »Meine emotionale Verbindung zu Schwetzingen hat sich im Alter von vier Jahren entwickelt, als ich an der Hand meiner Tante zum ersten Mal den Schlossgarten besuchte. Was für ein überwältigender Moment, wenn nach dem Dunkel des Torbogens der Park sich in gleißendem Sonnenlicht vor einem auftut. Heute würde man sagen, ich war geflasht. Damals war ich geblendet und dachte, ich komme in ein Märchenparadies: Die Kieswege strahlend weiß, stolzierende Pfaue, die ihr Rad schlagen, Blumenrabatten wie riesige, bunte Teppiche, überall ein Summen und Brummen von Insekten aller Art, plätschernde Springbrunnen, hüpfende Eichhörnchen und noch so viel mehr. Dieses Erlebnis konditionierte mich wohl für alle Zeit positiv in Bezug auf Schwetzingen.«

Als klar gewesen sei, dass sie nach dem Studium in der Gegend bleibe, habe sie gezielt in Schwetzingen eine Wohnung gesucht. »Als ich dann eine fand mit Blick auf die Moschee, war ja wohl klar, das musste höhere Fügung sein. Leider wurde mir mittlerweile der Blick auf die Moschee zugebaut, aber ich wohne trotzdem noch sehr gerne in der Spargelstadt.« Wie sehr die Mainzerin ihre inzwischen nicht mehr ganz neue Heimat liebt, beginnt man zu begreifen, wenn sie, im idyllischen Biergarten des pittoresken und verträumten Restaurants *Blaues Loch* sitzend, weiter von der Großen Kreisstadt schwärmt. Die Kneipe dient ihr, wie sie sagt, als kleine Oase der Ruhe.

»Während meines Studiums in Heidelberg habe ich mir zum Lernen gerne ein verstecktes, lauschiges Plätzchen im Schlossgarten gesucht. Davon gab es einige. Sobald man den Park betreten hatte, wurde es ruhig und friedlich. Man war in einer anderen Welt, in einer anderen Zeit. Da ich gerne lese, vor allem auch Klassiker, bildete der Schlossgarten die ideale Kulisse, um meine Fantasie zu befeuern. Seitdem ich in Schwetzingen wohne, besuche ich den Schlossgarten paradoxerweise weniger. Aber alleine schon die Möglichkeit, ihn jederzeit besuchen zu können, ist ein großer Luxus. Momentan ist mein Lieblingsplatz außerhalb der Stadt, in den Feldern rund um Schwetzingen. Wenn ich mit meinem Handbike, einem Fahrrad für Rollstuhlfahrer, unterwegs bin, genieße ich es, vom Gesang der Lerchen begleitet zu werden. Wenn ich dann noch den Blick über die Ebene schweifen lasse, fühle ich mich ganz erfüllt und eins mit Natur und Geschichte. Klingt pathetisch, aber so ist es nun mal.« Sie schwärmt aber auch noch von weiteren Stellen, die ihr Ruhe und Harmonie bieten. Zum Beispiel der Marstallhof.

»Hektik, Straßenverkehr, Lärm bleiben hinter einem, sobald das Tor durchschritten ist. Zu hören ist nur noch das hohe Pfeifen der Schwalben, die im Steilflug im Hof ihre Runden drehen.

Claudia Weitzel als die große Frida Kahlo

Noch ein weiterer Lieblingsplatz ist die Stadtbibliothek in der Invalidenkaserne, die mit ihren dicken Mauern und tiefen Fensternischen, durch die das Sonnenlicht hereinfällt, sowohl gemütlich intim als auch, durch die vielen Bücher, CDs und Spiele, enorm anregend wirkt. Es gibt noch ein Lieblingsgebäude, das leider dem Verfall ausgeliefert ist, und das ist das alte Capitol-Kino. Schade.«

Die Größe des eher kleinen Schwetzingens komme ihr sehr entgegen. Denn alles, was ein kulturell interessierter und ambitionierter Mensch brauche, sei recht nahe beieinander. »Das ist alles zentral gelegen: ein eigenes Kino, eigenes Theater, eigene Festivals. Was will man mehr. Ich bin zwar nicht aktiv im Gemeindeleben involviert, aber interessiert, was stadtpolitisch geplant und durchgeführt wird.« Selbstverständlich ist die »Neigeschmeckte« auch ein Spargelfan. Das war sie allerdings schon vorher, denn auch in ihrem rheinhessischen Geburtsort gibt es das königliche Gemüse. Das erklärt ihre Vorliebe für ein Rezept ihrer Mutter.

»Ich liebe Spargel, am besten so, wie meine Mutter ihn gemacht hat, mit heller Mehlschwitze, Salzkartoffeln und Schnitzel. Für mich wird die Spargelzeit allerdings von der Bärlauchzeit, den es üppig im Schlossgarten gibt, eingeläutet. Ich sammle ihn selbst und produziere davon Pesto. Das ist der Beginn einer kulinarisch herrlichen Zeit. Bärlauch, Spargel, Erdbeeren und alles direkt vor Ort und ganz frisch.

Claudia Weitzel wünscht sich allerdings mehr Barrierefreiheit für ihre Stadt. »Wenn es möglich ist, mit einer Pferdekutsche auf die Theaterbühne zu fahren, sollte es auch möglich sein, Schwetzingen in Zukunft barrierefrei zu gestalten«, wendet sie sich an die Stadtverwaltung. Und verrät sogar zu guter Letzt noch ein Geheimnis: »Ich bin sozusagen die Mutter von *Wilhelm Wolf und den Möblierten Herren*. Die *Möblierten Herren* sind eine Band mit Musikern aus der Region. Hinter Wilhelm Wolf verbirgt sich Jürgen Ferber, der vielen aus dem *theater am puls* bekannt ist. Wie kam es dazu? »Nachdem ich eine Weile arbeitslos war, kam ich auf den absurden Gedanken eine Künstleragentur zu gründen und Tanztees auf der Molkenkur zu veranstalten. Dazu gehörte für mich auch Livemusik. Es ergab sich, dass Jürgen Ferber, Niklas Schmidt, ein befreundeter Schlagzeuger und ich beschlossen, für diesen Anlass eine Band zu gründen. Das war die Geburtsstunde der *Möblierten Herren*.

Die Tanztees gab sie inzwischen auf, die Organisation nahm neben ihrer regulären Arbeit zu viel Raum ein. Aber wahrscheinlich fällt ihr demnächst im *Blauen Loch* wieder etwas Geniales ein.

SCHLOSSGARTENRESTAURANT BLAUES LOCH
ZEYHERSTRASSE 3
68723 SCHWETZINGEN
WWW.BLAUES-LOCH.DE

Böllinger
POLIZEI
POL

31 Ein menschlicher Freund und Helfer

Polizeichef Hubert Böllinger leitete das Schwetzinger Revier

Bald kann er sich das Schloss in Ruhe anschauen, der umtriebige und stets höfliche Hauptkommissar und Leiter des Schwetzinger Polizeireviers im alten Marstall. Nur noch wenige Monate trennen Hubert Böllinger von seiner Pensionierung, und er freut sich darauf. »Es gibt für mich nur noch den Plan für ein einziges Projekt: meinen Ruhestand mit Ablauf des Monats August«, lächelt er gut gelaunt. »Über das, was ich in meiner langen Dienstzeit erlebt habe, könnte ich locker ein Buch schreiben. Da dies aber in sehr vielen Fällen indiskret wäre, lasse ich es lieber.« Zum Glück war er bereit, für dieses Buch ein wenig zu verraten, über sich, Schwetzingen und seine Berufsphilosophie.

»Ich bin seit 38 Jahren glücklich verheiratet und habe zwei erwachsene Töchter. Den Rückhalt meiner Familie habe ich bei meiner Tätigkeit immer als ›erfolgskritisch‹ betrachtet. Und eben diesen Rückhalt gab und gibt es zu 100 Prozent für meine Tätigkeit. So definiert ein erfolgreicher Staatsdiener die Hauptmotivation für seine Karriere. Auf die er, besonders als Leiter der Schwetzinger Dienststelle, stolz zurückblicken darf. Etwas anderes als Polizist zu sein, hätte sich Böllinger niemals vorstellen können. Am Hofe des immer noch gegenwärtigen Karl Theodors wäre ihm auch nichts anderes eingefallen, denn ein Polizeichef zu Zeiten des aufgeschlossenen Kurfürsten zu sein, eventuell als Mitglied des Hofstaates, mit der Möglichkeit im Schwetzinger Schlossgarten zu flanieren, das wäre ein reizvoller Gedanke.

Viola Eigenbrodt: Wird es Ihnen schwerfallen, dem Marstall zumindest beruflich den Rücken zu kehren?

Hubert Böllinger: Ich habe beruflich alle Ziele erreicht. Für den Lebensabschnitt »Ruhestand« gilt der Wunsch »Gesundheit«. Im Ende des Berufslebens liegt ein Neuanfang, auf den ich mich freue.

Auf welches Ereignis in Ihrer Zeit in Schwetzingen werden Sie am meisten zurückblicken?

Als polizeilich Verantwortlicher erlebt man natürlich viele Dinge, die Spuren hinterlassen. Dies gilt besonders, wenn Menschen zum Bei-

Hubert Böllinger wollte bereits als Kind Polizist werden

spiel bei Unfällen oder durch Straftaten zu Schaden kommen. Deswegen sind mir, aus polizeilicher Sicht, die Dinge am liebsten, die nicht passieren. Für mich war und ist es besonders wichtig, dass meine Mitarbeiterinnen und Mitarbeiter bei der Wahrnehmung ihrer schwierigen Aufgaben keine gravierenden Verletzungen oder sonstigen schweren Schäden davon getragen haben. Ich wünsche mir eindringlich, dass dies so bleibt.

Der Amok-Alarm an einer Schwetzinger Schule im Jahr 2014 hat alle Beteiligten aufs Höchste belastet. Daran änderte auch die Tatsache nichts, dass bei der Durchsuchung der Schule kein Tatverdächtiger gefunden wurde. Das Lob, das insbesondere die Schule und auch alle anderen Organisationen wegen der professionellen Abarbeitung der Lage erfahren haben, hat die Nachbereitung dieser Situation, in der es zu Traumatisierungen kommen kann, erleichtert. Trotzdem erwische ich mich heute noch bei dem Gedanken, dass man so etwas nie wieder erleben will. Ein weiteres wichtiges und prägendes Erlebnis war die halbjährige Vorbereitung bei der Polizei in Freiburg für den Polizeieinsatz anlässlich des NATO-Gipfels, der am 3. und 4. April 2009 in Baden-Baden, Kehl und Straßburg stattfand. Aus den

Bündnisstaaten nahmen daran die Staats- und Regierungschefs, Minister sowie weitere hochrangige Vertreter teil. Die Mitwirkung bei der Bewältigung dieses hochkomplexen und größten Polizeieinsatzes in der baden-württembergischen Polizeigeschichte beeindruckt mich immer noch.

Die aktuelle Situation rund um das Thema Asyl hat uns natürlich auch als Polizei in Schwetzingen eingeholt. Zum Glück gilt auch bei uns der Grundsatz, dass alle im Interesse der Sache an einem Strang ziehen. Die Hilfsbereitschaft der Bevölkerung und insbesondere der Ehrenamtlichen ist überwältigend und hilft auch bei dem Thema Sicherheit.

Was glauben Sie für die Sicherheit Schwetzingens erreicht zu haben?

Kriminalität und Kriminalitätsfurcht beeinflussen nicht nur die Lebensqualität in einer Gemeinde, sondern auch die Attraktivität einer Gemeinde als Wirtschaftsstandort. Deshalb war es im Rahmen der Kommunalen Kriminalprävention immer ein Ziel, für die bürgernahe und geschichtsträchtige Kommune Schwetzingen Kriminalität zu reduzieren und die Kriminalitätsfurcht abzubauen. Kriminologische Studien für Schwetzingen haben aufzeigen können, dass der eingeschlagene Weg durchaus erfolgreich ist.

Fühlen Sie sich dadurch Schwetzingen besonders verbunden?

Ich habe im Laufe meiner Karriere mehrere interessante und auch prägende polizeiliche Tätigkeiten ausgeübt, und dies überwiegend in Mannheim. Meine Tätigkeit in Schwetzingen seit 2003 ist für mich eine kleine Krönung meiner Laufbahn und erfüllt mich mit viel Freude und Zufriedenheit.

Als polizeilich Verantwortlicher fühle ich in Sachen Sicherheitsdenken in Schwetzingen ein ausgeprägtes Wir-Gefühl. Sicherheit geht uns alle an, dieses Bewusstsein ist präsent und macht unsere schwierige polizeiliche Aufgabe und das Erreichen von entsprechenden Zielen leichter. Es funktioniert natürlich auch deshalb, weil man sich persönlich kennt, sich schätzt und insbesondere miteinander kommuniziert. All dies führt sowohl im dienstlichen als auch im privaten

Blaulicht wird im beschaulichen Schwetzingen zum Glück nicht so oft gebraucht

Bereich zu einer angenehmen und engen Verbindung mit Schwetzingen (und der Region). Ich komme mit meiner Familie gerne in der Freizeit nach Schwetzingen. Es sind tolle freundschaftliche Verbindungen entstanden.

Wo kann man Sie in der Freizeit finden, wenn Sie diese in der Spargelstadt verbringen?

Den Schwetzinger Schlossgarten besuche ich mit Familie (und Hund) noch immer gerne. Es ist immer wieder überraschend, welche interessanten Ecken man trotz vieler Besuche immer noch neu entdecken kann, und was für tolle Veranstaltungen dort stattfinden. Es bereitet mir große Freude, wenn ich Freunde oder Kollegen zu einem Besuch dorthin einladen kann und dann deren Reaktion erfahre. Da werden meine Begleiter im Ansatz schon einmal neidisch, was unser polizeilicher Dienstbezirk für schöne Bereiche zu bieten hat. Ein Kollege hat mich beim Anblick des Parks mal gefragt, ob ich für meine Arbeit »Vergnügungssteuer« zahlen müsse.

Mögen Sie eigentlich Spargel und gibt es ein besonderes Rezept?

Meine Ehefrau entstammt einer »Spargelfamilie«. Dies erforderte früher ab und zu einen Spargel-Stech-Einsatz auf dem Acker. Danach wusste man um die Mühe beim Ernten dieses königlichen Gemüses. Das steigerte den Genuss der nach verschiedenen Rezepten meiner Ehefrau zubereiteten Spargel umso mehr. Ein von ihr höchst persönlich kreiertes Rezept wurde sogar 2005 in der Schwetzinger Zeitung veröffentlicht. Ihr Spargel-Pie wird mit Blätterteig, Schinken, Parmesan und gekochtem Ei im Ofen zubereitet und stellt eine echte Alternative zu den klassischen Rezepten dar.

Würden Sie Schwetzingen einen besonderen Wohlfühlfaktor zubilligen?

Die dienstliche Zufriedenheit und die in diesem Zusammenhang zuvor bereits erwähnten positiven Auswirkungen auf den privaten Bereich führen dazu, dass sich meine Familie und ich in Schwetzingen sehr wohl fühlen. Auch wenn unser kleiner Pudel in Schwetzingen als »Polizeihund« angesprochen wird, verrät ein freudiges Schwanzwedeln seine Stimmungslage. Angenehm ist insbesondere die Kurpfälzer Art. Trotz ausgeprägtem Selbstbewusstsein und streitbarer Mentalität – man »schwätzt« miteinander und findet meistens eine Lösung.

Aber Sie leben nicht am Ort?

Ich wohne nicht in Schwetzingen. Die 20 Kilometer Entfernung zu meiner Wohngemeinde bewältige ich rund um das Jahr mit dem Fahrrad, was meiner persönlichen positiven Einstellung zu einer sportlichen Betätigung außerordentlich entgegenkommt. Da meine Familie und ich die Infrastruktur in Schwetzingen als sehr reizvoll und interessant empfinden, haben wir auch schon einmal darüber nachgedacht, im Alter hier zu leben.

Jetzt, nach einem langen und durchaus gesegneten Berufsleben, würden Sie meinen, das eine oder das andere hätte man auch anders machen können?

Ich habe immer versucht, Gratwanderungen zu beherrschen und nicht abzustürzen. Einerseits bürgerfreundliche Polizei, andererseits entschiedenes und konsequentes Einschreiten, oder Führungskraft mit Durchsetzungsvermögen auf der einen Seite und soziales Verantwortungsbewusstsein auf der anderen Seite. Ob ich dabei Fehler gemacht habe, überlasse ich der Beurteilung anderer.

POLIZEIREVIER SCHWETZINGEN
KARL-THEODOR-STRASSE 8K
68723 SCHWETZINGEN

32

Gesellschaftstanz oder Agilando

Vizeweltmeisterin Andrea Kiefer tanzt in der Scheffelstraße

Der Walzer wurde zwar in Wien erfunden, aber als echte – wenn auch ehemalige – Österreicherin, fast Grazerin aus der Steiermark, liegt Andrea Kiefer nicht nur der Schmäh auf der Zunge, sondern der Dreivierteltakt im Blut. »Ich wollte tanzen, schon als kleines Mädchen. Weil ich ein wenig pummelig war, kam Ballett für mich gar nicht in Frage. Als meine Familie in den 70er-Jahren nach Mannheim zog, fing ich dort mit Gesellschaftstanz für Kinder und Jugendliche an. Meine Faszination war von Anfang an groß und ich konnte meine Vorliebe sukzessiv erweitern. Ich beherrsche alles heute noch«, berichtet die charmante Dame, der man es kaum glauben mag, dass sie 50 Jahre alt ist.

»Wir haben wirklich ein großes Glück, heute zu leben. Man bleibt viel länger jung und muss nicht ab Mitte 40 in die Omi-Rolle und graue Klamotten mit Duttfrisur schlüpfen. Mit 50 fängt das Leben erst richtig an. Man hat bereits einige Hörner abgestoßen, ruht mehr in sich selbst, muss nicht mehr ständig mit dem Kopf durch die Wand und kann loslassen, was einem nicht guttut. Und darf trotzdem fit und beweglich durchs Leben turnen. Den Rollator hole ich erst kurz vor 90 heraus«, lacht Andrea Kiefer lauthals.

Mit ihr hat Schwetzingen vor wenigen Jahren nicht nur seine erste Tanzschule, sondern auch einen wirklichen Profi bekommen: die Geschäftsleiterin darf mehrere Qualifikationen in ihr Kursbuch schreiben: sie ist ADTV Tanzlehrerin, Ausbildungslehrerin im ADTV, ADTV Instruktorin für West Coast Swing, Fachtanzlehrerin für Agilando, mehrfache Deutsche Meisterin und Vizeweltmeisterin bei den Professionals.

»Vorauszusehen war das wirklich nicht«, erzählt die lebenslustige Mutter eines männlichen Teenagers, »ich startete erst vor knappen 20 Jahren als Profitänzerin. Vorher studierte ich in Heidelberg Englisch und Französisch bis zum Vordiplom. Ich wollte eigentlich Dolmetscherin und Übersetzerin werden. Sprachen faszinieren mich, besonders Dialekte. Bis heute beherrsche ich natürlich mein steirisches Heimatidiom, aber ich kann auch kurpfälzisch, was ich gerne

In ihrer Tanzschule hat »die Kiefer endlich ihre Wurzeln geschlagen«

mit Freunden spreche. Da ich lange Jahre in Hamburg gelebt habe, kenne ich mich auch ein wenig mit Plattdeutsch aus.«

Als sie erkannte, dass eine andere Profession den deutlich größeren Platz in ihrem Leben einnahm, entschied sich die junge Frau für eine Tanzlehrerausbildung in Freiburg. In die Hansestadt ging sie dann, um Profi zu werden. Dieses Ziel erreichte sie mit viel Talent, sehr viel Übung und Disziplin, denn sie konnte mit ihrem Partner achtmal den Titel Deutscher Meister und dreimal Vizeweltmeister entgegennehmen. In diesen nicht immer geschmackvollen Kostümen? Das mag nicht so richtig zu der unaffektierten Tanzlehrerin passen. Sie erklärt: »Ich hatte meine eigene Designerin für die Kleider und wollte immer natürlich bleiben. Außerdem sind das die Lateinamerikanischen mit den Papageianzügen, das muss so sein. Professioneller Tanz in der Öffentlichkeit ist eine Mischung aus Schauspielerei und Leistungssport.«

In Schwetzingen hat sie nun ihr Zuhause gefunden, nachdem sie die Welt, wie sie findet, genug bereiste. »Die Kiefer hat endlich Wurzeln geschlagen«, meint sie dazu weise.

»Der Zeitpunkt, mich selbstständig zu machen, war 2010 einfach gekommen. Ich war für diesen Sprung mit Mitte 40 nicht mehr blutjung, aber dafür voller Erfahrung. Ich wagte es einfach. Bis dahin war ich Tanzsporttrainerin und Ausbilderin für Tanzlehrer. Mit meiner Idee wurde ich in Schwetzingen mit offenen Armen empfangen, auch von OB René Pöltl, dessen Vater mein Lateinlehrer in der Schule gewesen war.« Da hat sich der Kreis genial geschlossen.

Ihre Tanzschule war die erste in der Fliederstadt und blieb bisher die einzige. Beliebt ist ihre lockere Art, ihr erfolgreiches Bemühen, den Gästen ein heimeliges Gefühl zu geben, in einem »Tanzwohnzimmer« mit dem Partner eine Stunde der Zweisamkeit zu genießen.

»Die Integration meiner Person und auch die meines Kindes in der Stadt war für mich überwältigend«, erinnert sie sich gerne an die ersten Wochen in der Nähe des Schlosses.

Überhaupt, im nördlichen Zirkelsaal könnte es die Grazerin, die schon lange die deutsche Staatsbürgerschaft hat, gut aushalten.

»Wäre ich Kurfürstin«, schäkert sie, »so würde ich folgende Parole ausgeben: Tanzet, so werdet ihr glücklich, und ich würde den ganzen Tag durch diesen Ballsaal tanzen.«

Sie möchte nicht mehr weg aus ihrem neuen Zuhause. »Diese Stadt lebt, es gibt tolle Events, so viele Menschen sind in der Kultur engagiert. Die Wege sind klein, es gibt alles, was ich brauche, in der Nähe. Gute Schulen und wirklich interessante Freizeitangebote.«

Zum Schluss verrät Andrea Kiefer, dass es eventuell auch noch eine andere Möglichkeit gegeben hätte, einen Lebenstraum zu verwirklichen. »Ich hätte mich auch als Gärtnerin verwirklichen können, ich liebe Blumen und Pflanzen. Meine Räumlichkeiten sind ein rechter Urwald.« Kein Wunder, fühlt sie sich an einem Ort mit einem so schönen öffentlichen Garten wohl.

ADTV-TANZSCHULE KIEFER
SCHEFFELSTRASSE 77
68723 SCHWETZINGEN
WWW.TANZSCHULE-KIEFER.DE

33 Orangen und Spargelhäubchen

Leiterin Gundula Sprenger tritt für die Volkshochschule ein

Eine große Auswahl an Lernfächern steht bereit und die Schüler kommen freiwillig, das sind enorme Vorteile, die Gundula Sprenger, die Leiterin der Schwetzinger Volkshochschule (VHS), zu schätzen weiß. Die Blondine aus Westfalen war einst zum Studium nach Heidelberg gekommen und brachte gleich im Gepäck eine Verbindung nach Schwetzingen mit, zur Perle am Neckar.

»Meine Großmutter zeigte sich von meinem Studienort begeistert. Sie schilderte mir, wie sie mit meinem Opa auf ihrer Hochzeitsreise einen romantischen Aufenthalt in Schwetzingen eingelegt hatten. Voller Erinnerungsglück zeigte sie mir Fotos vom Schloss und erzählte, dass sie feinen Spargel gegessen hätten. Ich musste ihr versprechen, dass wir zwei – der Opa war schon lange verstorben – gleich im Mai 1981 zusammen nach Schwetzingen fahren. Gesagt, getan: Als mein zweites Semester angefangen hatte und es Mai geworden war, kam die Großmutter mit dem Zug angereist und wir besuchten gemeinsam – ich zum ersten Mal und sie nach 44 Jahren das zweite Mal – den Schlossgarten in Schwetzingen. Es war wunderbar, wir aßen zarten Spargel und Oma schenkte mir ein Buch über Stadt und Schlossgarten.

Als ich 2004 die VHS-Leitung übernahm, war meine Begeisterung für Schwetzingen ungebrochen. 2014/2015 wurde ich Mitglied im Kuratorium zur Vorbereitung des Stadtjubiläums »1250 Jahre Schwetzingen/Suezzingen«, das wir 2016 feiern. Das hat viel zusätzliche organisatorische Arbeit bedeutet, aber im Gegenzug wurde ich durch neue Geschichtskenntnisse, viele interessante Gespräche und Vorfreude auf das große Jubiläumsjahr belohnt.«

Dass sie inzwischen besonders herzliche Bande mit der Spargelstadt verknüpft, leugnet sie nicht: »Ich hab' mein Herz in und an Schwetzingen verloren«, plaudert sie mit leichtem Understatement, denn Gundula Sprenger ist schon seit etlichen Jahren mit einem der wichtigsten Schwetzinger Künstler verheiratet, Florian T. Franke von Krogh. Der im Übrigen auch eines der schönsten Ateliers sein eigen nennt.

Gundula Sprenger mit ihrem Ehemann, dem Künstler Florian Till Franke von Krogh

Mit ihm wandert die sportliche Frau gerne in ihrer Freizeit. Oder sie geht im Sommer in einem der vielen Seen in der Umgebung schwimmen. Was man ihr auf den ersten Blick nicht unbedingt zugetraut hätte, da sie doch so feinsinnig und dem Humanismus verbunden erscheint: »Ich mag wirklich schöne Autos, neue, alte, egal – aber die kann ich natürlich nur mal ausleihen –, im Lotto habe ich nämlich noch nicht gewonnen«, lacht die Chefin. Wie schön, dass es da beinahe jährlich die im Schlossgarten stattfindende *Schauferlparade* gibt, der *Concours d'Elegance.* Überhaupt fühlt sich die Westfälin nach all der Zeit im Süddeutschen und in der Kurpfalz besonders in Schwetzingen wohl.

»Mir gefällt es in Schwetzingen fast überall gut, besonders wohl fuhle ich mich in der Volkshochschule in ihrem schönen historischen Gebäude mit dem modernen Kulturzentrum, oder am Schlossplatz, im Schwimmbad, in der schönen St. Pankratiuskirche, im Schlossgarten. Ich mag die Geschäfte in unserer Stadt und kaufe möglichst alles in Schwetzingen. Besonders heimisch fühle ich mich berufsbedingt in der Innenstadt, da laufe ich alle Wege mehrmals täglich.«

Sie hätte es womöglich ganz woanders hin verschlagen, denn eigentlich wollte die damals 20-Jährige Chauffeurin werden, was zu ihrer Leidenschaft für Automobile passt.

»Ich stellte mir das so vor: interessante Touren in schicken Autos für meine ›reichen‹ Auftraggeber fahren, eine Träumerei. Ärztin war ebenfalls eine Option. Heute wäre ich alternativ gerne Architektin, weil ich finde, dass das Bauen von Häusern und öffentlichen Gebäuden zum Lernen, Arbeiten, Wohlfühlen und kreativen Anregen für Menschen eine Aufgabe von bleibendem Wert ist.«

Ob sie wohl trotzdem in einer anderen Stadt leben könnte? »Unter einem gewissen Aspekt fände ich Hamburg und die schnelle Möglichkeit, ans Meer zu kommen, sehr verlockend. Aber von Schwetzingen aus ist in unserer gut aufgestellten Metropolregion auch alles gut zu erreichen.« Da bleibt eigentlich nur noch die Überlegung, welches Spargelgeheimrezept die Nicht-Schwetzingerin bereithält. Falls sie Spargel mag. Doch dies ist eine rhetorische Frage, Frau Sprenger kennt sogar ein ganz besonderes:

»Besonders lecker finde ich Spargelspitzen. Wie üblich garziehen lassen mit Salz und etwas Zucker im Wasser, währenddessen eine Sauce aus Öl, einer Messerspitze feinem Senf und frisch gepresstem Orangensaft anrühren, und ein wenig Blütensalz dazu. Lauwarme Spargelspitzen auf einem Teller nett mit halbierten Erdbeeren anrichten, Fruchtvinaigrette drüber und nach Gusto abschließend pfeffern. Schmeckt frühlingsfrisch und köstlich.« Wie ihre stetig neuen Ideen für die VHS.

VOLKSHOCHSCHULE BEZIRK
SCHWETZINGEN E.V.
MANNHEIMER STRASSE 29
68723 SCHWETZINGEN
WWW.VHS-SCHWETZINGEN.DE

Von der Spree an den Leimbach

34

Kantor Detlev Helmer spielt auch werktags in der Stadtkirche

Gottes Wege sind unerforschlich, und das ist gut so. Den Norddeutschen Detlev Helmer, der bis 1983 in Berlin lebte, zog es aus dem Osten der Republik in die warme und schöne Kurpfalz, aus einer damals geteilten Großstadt in ein beschauliches Städtchen, das in sich ruht. Seitdem wirkt er als Bezirkskantor der evangelischen Kirche. Ausgebildet wurde der musikalische Kirchenmann in der Hauptstadt. An der Staatlichen Hochschule der Künste studierte er unter anderem bei den Professoren Peter Wackwitz, Rudolf Heinemann, Helmut Barbe, Dieter Schnebel, Christian Grube und Hans Hilsdorf. 1981 legte er das A-Examen ab. Es folgte ein Gaststudium in Chorleitung an der Kirchlichen Hochschule Berlin bei Professor Martin Behrmann.

Seine Schwerpunkte in Schwetzingen sind Chorleitung, Orgel, Kinderchor, Gottesdienste, Konzerte, Gospelmusik, Aus- und Fortbildungen. Zu seinen Choraufführungen zählen A-cappella-Konzerte, Gospelkonzerte mit Band, Musicals und große Chor-Orchester-Konzerte (Requiems, Messen, Passionen, Oratorien). Unter seiner Leitung und Mitwirkung erhielten moderne Werke in Schwetzingen ihre Ur- und Erstaufführung. Zum Beispiel die Kantate *Hoffnung von unten* und der Zyklus *Der Stein* von Burkhard Kinzler, *Requiem für einen polnischen Jungen* von Dietrich Lohff, Werke von Benjamin Helmer und Timo Jouko Herrmann, Motetten von Antonio Salieri, Werke für Orgel und Percussion. Er leitet regelmäßig sechs Chöre und gemeinsam mit einem Kollegen im evangelischen Kirchenbezirk einen Projektchor.

Doch dem ist nicht genug. 1995 initiierte er für die evangelische Stadtkirche die Anschaffung einer neuen Orgel, an der seither regelmäßig Konzerte stattfinden. Im In- und Ausland repräsentiert der Komponist von Kinder-Musicals, Chor- und Orgelwerken mit Freuden seine zweite Heimat, denn nach über 30 Jahren hat er sein privates Umfeld und seinen beruflichen Schwerpunkt in Schwetzingen etabliert. »Ein wichtiges Erlebnis der letzten Zeit war für mich die Aufführung der großen H-Moll-Messe von Johann Sebastian Bach im

Kantor Detlev Helmer in seinem musikalischen Element

Juni 2015. Die fand zwar in Oftersheim statt, wäre aber ohne meinen Beruf als Bezirkskantor in Schwetzingen nicht möglich gewesen«, erklärt Helmer stolz.

Der Vater zweier Söhne und *rüstiger* Opa von drei Enkelmädchen verbringt seine freie Zeit nicht nur mit diesen – und auch nicht nur mit der Musik an *seiner* Orgel in der evangelischen Stadtkirche. Je nach Laune oder Gemütslage schlendert er durch den Schlossgarten, verweilt im Garten des Melanchthon-Hauses oder trinkt einfach gemütlich einen Cappuccino in einem der vielen Cafés der Innenstadt. »Die Lage im Herzen Deutschlands, so mitten drin, das gefällt mir«, lobt er sein Zuhause, »es ist überschaubar, und natürlich, nicht zu vergessen, der Schlossgarten!« Dass er, wie beinahe alle Menschen in dieser Region, das wichtigste Gemüse, das die Felder rundherum tragen, mag, versteht sich beinahe von selbst. »In allen Variationen, am liebsten aber in der klassischen mit Sauce Hollandaise, Kartoffeln und Schinken.«

Obwohl Helmer schon lange in Schwetzingen angekommen ist, träumt er noch, hat immer neue Ideen, ist geistig und künstlerisch noch lange nicht zum Stillstand gekommen. »Ich plane regelmäßig Kinder-Musicals, besondere Konzerte und verschiedenste Musiken, um unsere Gottesdienste zu bereichern und lebendig zu gestalten«, freut sich der Kantor. »Auch die Stadt realisiert allmählich, dass die evangelische Kirchenmusik ein konstanter, wichtiger Beitrag im Kulturleben Schwetzingens ist. Und da erfahre ich Unterstützung und Anerkennung.«

Als ein spiritueller und kreativer Mensch erfüllt ihn die Liebe zur Musik und das Bewusstsein, mit ihr und durch sie sogar außerhalb der Kirche Menschen ansprechen und begeistern zu können. An einem musikhistorisch so relevanten Platz wie in dieser Stadt atmet man beinahe überall den Geist der Kurfürsten, ihr Erbe ist stets gegenwärtig. Das hält Detlev Helmer an erster Stelle an diesem Ort. »Mozart und andere Komponisten waren hier – es gibt also auch einen musikhistorischen Bezug. Der Kurfürst Karl Theodor war ein Förderer der Künste. Und ich glaube, dass gute Musiker in der Stadt immer willkommen sind.« Wäre er Karl Theodor, er würde weiter die Künste fördern. Außerdem gäbe es da noch weitere Anregungen: »Den Innenstadtverkehr weiter zu entlasten. Auf das soziale Gefüge und Gefälle zu achten. Schauen, dass es neben Schlossgarten und Schlossplatz auch andere Bereiche gibt, die zu pflegen sind – was in den letzten Jahren vermehrt gemacht wurde, zum Beispiel Bahnhofsbereich, Marstall oder Fußgängerzone. Die Ökumene zwischen allen kirchlichen Gruppen zu stärken. Die Zusammenarbeit zwischen Kommune und Kirche zu stärken.« Denn Einigkeit macht stark, weiß der kluge Bezirkskantor von Schwetzingen.

EVANGELISCHE STADTKIRCHE
HEIDELBERGER STRASSE 1
68723 SCHWETZINGEN
WWW.EVKIRCHESCHWETZINGEN.DE

35 A new kid in town – seit 2014

Schmuckdesignerin Heike Preuss schätzt die Marstallgärten

Es muss eine göttliche Eingebung gewesen sein, welche die Studentin der evangelischen Theologie dazu veranlasste, Bibelkunde und Religionslehre aufzugeben und stattdessen Gold zu schmieden. Eine Tätigkeit, die durchaus kontemplativen und meditativen Charakter haben kann. Die geborene Gelsenkirchenerin Heike Preuss war in der Ruperto Carola, Heidelberg, eingeschrieben, als der himmlische Funke einschlug und sie Ende der 80er-Jahre ihre fachliche Meisterprüfung als Goldschmiedin ablegte. Nur wenige Jahre später hatte sie bereits ihr eigenes Atelier in der Universitätsstadt. Seither zeigt sie in zwei Ausstellungen pro anno, was in ihrem kreativen Hirn gezeugt und dann von geschickten Händen geboren wird.

Sie ist so erfolgreich, dass international renommierte Modeblätter wie *Vogue*, *Elle* und *Madame* auf ihre Kreationen aufmerksam wurden. »Kaiser« Karl Lagerfeld schmückte sogar Claudia Schiffer für eine Geschichte über die Künstlerin Frida Kahlo mit einem Schmuckstück des Hauses *Crotalia.* Eine Theologin muss neben Hebräisch auch Latein und Altgriechisch beherrschen, und so verwundert es nicht, wie Heike Preuss auf den ungewöhnlichen Namen ihres Ateliers kam. »Das Wort kommt aus dem Griechischen, ›crota le in‹, ›klappern, rasseln, Geräusche machen‹. Es war eine Schmuckform der Römer zur Kaiserzeit, ein Ohrschmuck mit Granulationen und kleinen gefassten Steinen, die mit beweglichen Teilchen unterhalb verziert waren. So verursachte die Trägerin Geräusche und erzielte die gewünschte Aufmerksamkeit«, schmunzelt die Humanistin.

Und romantisch ist die Neu-Schwetzingerin, die in ihrer Wohnung in den Marstallgärten einen herrlichen Blick auf den Marstall hat, auch noch: »Ich liebe es, den Vollmond von unserer Terrasse aus zu genießen – die Mondfinsternis, der sogenannte Blutmond, Ende September 2015 war sensationell!« Überhaupt schwelgt die sympathische Geschäftsfrau von ihrem neuen Zuhause. »Schwetzingen, mon amour. Ich bin angekommen. Nach einem harten Arbeitstag kommt eine entspannte Urlaubsatmosphäre in meinen Alltag.«

Heike Preuss' Ort der Inspiration

Dazu kommen natürlich auch schwetzingenspezifische Highlights wie das Lichterfest im Park. »Ich konnte es live erleben, nur ein paar Schritte von meiner Wohnung entfernt, herrlich«, freut sie sich. Die Flieder- und Spargelstadt besitzt eine anregende Ordnung für sie, die sie überall findet, in den Bäumen der Karl-Theodor-Straße oder in den Blumenbeeten, nicht nur im Schlossgarten. »Die Symmetrie und Ordnung begleiten mich in eine innere Ruhe, erinnern mich an Mantras und Mandalas – fast buddhistische Tendenzen: In der Wiederholung findet die Fantasie Raum durch Ruhe. Wenn ich beispielsweise von unserer Wohnung herunter auf die Hochbeete des Marstalls schaue.

Im Schlossgarten dagegen treffen bunte, wilde Bauernblumenbeete in einfacher, natürlicher Art auf die exakte Eingrenzung und Reglementierung durch die sichtbare Ordnung der Buchshecken. Diese Spannung motiviert mich in meinen Entwürfen«, erklärt die Edelsteinkünstlerin ihre neue Quelle der Inspiration und fügt lachend hinzu: »Ich hätte auch Blumenfrau werden können. Oder alles, was mit fröhlichen Farben den Menschen besondere Freude bringen kann!« Inzwischen, nach einer doch recht kurzen Zeit, ist sie regelrecht verwurzelt mit der Stadt. Nicht nur wegen des Spargels, der hätte tatsächlich der Hauptgrund ihres Umzugs sein können, da sie ihn liebt.

»Als Sommersitz oder mitten im Winter könnte Sylt zeitweise eine Alternative sein, aber ich ziehe nie wieder von Schwetzingen weg«, konstatiert Heike Preuss. »Diese Stadt hat eine außergewöhnliche Tradition, die Menschen leben ganz im hier und heute. Sie zeigt Größe, aber ist überschaubar geblieben. Ist weltoffen, doch gleichzeitig gemütlich. Eine wunderbare Mischung.« Obwohl sich die Juwelierin sowohl mit ihrem Atelier als auch ihrem neuen Wohnsitz eine Menge Träume erfüllte, bleibt noch Raum für Visionen.

»Wer aufhört zu träumen, lebt nicht mehr. Meine Träume drehen sich um das Schöne, das Kreative und um Menschen, die ich liebe und die mich lieben, die mein Leben bereichern.« Wie sehr sie durch den lebendigen Barock in ihrem Wirken beeinflusst wird, zeigt sich in der Kollektion für 2015/16, in der sich die Berührung von klassischen Motiven und fröhlichen Farbeingebungen widerspiegeln. Um dies zu verdeutlichen, hat sie eine der ältesten Schmuckformen gewählt: den Ring. »Die scheinbare Leichtigkeit des Seins und die vielen entspannten, freudig erwartungsvollen Gesichter der Menschen motivieren mich zu immer neuen Höchstleistungen«, bekräftigt die Crotalia-Chefin ihre Wahl.

»Ich habe Fehler gemacht – und sie bereichern mein Leben. Denn durch Fehler lernen wir, was wirklich wichtig ist, konzentrieren uns auf das Wesentliche. Der Blick nach vorne war mir schon immer wichtiger als das Sinnieren über gestern. Aber ich möchte keine Erfahrung missen, denn die Kombination aus Erfolgen und Rückschlägen hat mich zu dem gemacht, was ich heute bin, mit meinem Goldschmiedeatelier und privat.« Mit beidem bereichert sie die ehemalige Residenz der Kurfürsten auf alle Fälle.

MARSTALLGÄRTEN
68723 SCHWETZINGEN
WWW.CROTALIA.DE

DOMAINES
BARONS DE ROTHS

Gourmetsterne über der Stadt

Koch Tommy Möbius in der Möbiusmeile

Welchen Koch zieht nicht die bunte Vielfalt einer eigens nach ihm benannten Straße in seinen Bann, die Aromen der Gewürze, die Frische der Lebensmittel und das Wissen über die regionale Herkunft der Zutaten für die künftigen Gerichte. In Wien und zuletzt im Seehotel in Ketsch griff Tommy R. Möbius erfolgreich nach den Sternen. Bald können die Schwetzinger seine Küche vor Ort genießen: Auch in seinem neuen Restaurant, dass er demnächst eröffnen wird, will Möbius provokativ, ehrlich und gradlinig kochen. Mit unorthodoxer Herangehensweise interpretiert er in Vergessenheit geratene Gerichte neu. Möbius kocht das, was er selbst gerne isst. Das Produkt steht im Mittelpunkt; die Zutaten bezieht er von seinen ausgewählten Lieferanten, denen er über die Jahre hinweg die Treue gehalten hat. Wir haben die Freude und die Ehre, in dieser einmaligen Publikation ein ganz besonderes Rezept präsentieren zu dürfen, und empfehlen, den Chef einfach persönlich kennenzulernen. Und natürlich seine weiteren Spargelvariationen!

Viola Eigenbrodt: Herr Möbius, wenn man die sich geradezu anbietende Location außer Acht lässt, was hat Sie bewogen, nach Schwetzingen zu ziehen?

Tommy R. Möbius: Schwetzingen schmeckt mir: Bei allem Bewusstsein für die eigenen Wurzeln gibt es in dieser Stadt keinen Stillstand. Es wird ständig weiterentwickelt, verbessert, mit Verstand und Sinn für Ästhetik. Das entspricht mir mit Leib und Seele.

Mögen Sie Spargel und gibt es ein besonderes Rezept?

Die Spargelsaison bedeutet für mich Frühlingserwachen für die Küche: Wenn der Spargel seine Köpfe zeigt, steigt die Vorfreude auf die tagesfrischen Zutaten der warmen Jahreszeiten. Spargel hat einen zarten Geschmack, den gilt es behutsam zu unterstreichen und herauszuarbeiten. Zu viele starke Gewürze töten das Geschmackserlebnis.

Was bedeutet der Standort Schwetzingen für Sie und Ihr neues Restaurant?

Ich möchte dort arbeiten, wo ich lebe und mich bewege – und von

Tommy Möbius kocht provokativ, ehrlich und gradlinig

Schwetzingen aus die Welt erobern: mit meiner Denke, meiner Lehre, mit meinem Essen und mit meinen Produkten.

Sie haben sich mit Ihrer Arbeit einen Lebenswunsch verwirklicht. Sind Sie schon angekommen, oder bleibt da noch Platz für Träume?

Mit Gedanken formen wir die Welt: Ich denke nach und ich denke nachhaltig. Mein Traum ist es, etwas Bleibendes zu schaffen, etwas in Gang zu bringen, den Menschen den Wert von gutem Essen zu vermitteln. Ich möchte das Bewusstsein dafür wecken, wie Großkonzerne immer mehr Einfluss auf unsere Ernährung ausüben. Dem können wir im Kleinen mit der bewussten Auswahl von Zutaten entgegenwirken.

Ein Rezept aus des Meisters Hand gibt einen kleinen Vorgeschmack auf sein Können:

Das Spargelfeld

Das Gericht besteht insgesamt aus sieben Komponenten, die einzeln rezeptiert wurden. Sie benötigen insgesamt 600 Gramm deutschen weißen Spargel sowie 100 Gramm grünen Spargel, 1 Liter kaltes Wasser

Dieser wird wie folgt verarbeitet:

1. Für die Spargelessenz

Den weißen Spargel sorgfältig schälen, die Stangen gleichmäßig und großzügig am Ende abschneiden. Die Schalen sowie die Enden zusammen mit dem kalten Wasser, einer Flocke Butter, Salz, einer Prise Zucker sowie einem Spritzer Zitronensaft langsam aufkochen lassen und sofort beiseite stellen, damit dieser für ca. 30 Minuten ziehen kann. Den Spargelfond abseihen und mit dem geschälten Spargel für 4 bis 6 Minuten köcheln lassen. Ist der Spargel al dente, diesen herausnehmen und auf ein Blech legen, mit einem nassen kalten Küchentuch abdecken und kalt stellen. Den grünen Spargel im selben Wasser sehr zügig kochen und im Eiswasser abschrecken. Diesen Spargelfond so lange reduzieren, bis er einen kräftigen Geschmack annimmt. Nochmal abschmecken und mit Kerbelstielen belegen. Nach einer Viertelstunde in einem feinen Passiertuch abseihen und zur weiteren Verfügung bereitstellen.

2. Für die schwarze Spargelfolie

150 Gramm Spargelessenz
1,5 Gramm Agar
1 Blatt Gelatine
2 Gramm schwarze Sepiatinte

Die Spargelessenz abmessen und mit Agar-Agar und der Sepiatinte einmal aufkochen. Den Fond auf ein umrahmtes Tablett nur so hoch angießen, dass es wirklich nur die Dicke von einer Folie annimmt.

3. Für die Spargelmousse

300 Gramm gekochter Spargel
1 Schalotte
2cl weißer Portwein
160 Gramm Sahne halb geschlagen
2 gegarte Spargelstangen in feine Würfel geschnitten
5 Blatt Gelatine, Flor de Sal, Cayenne, Mandarinenöl, Limonensaft und schwarzer Pfeffer

Die 300 Gramm gekochten Spargel klein schneiden und in etwas Mandarinenöl anschwitzen, mit dem Portwein ablöschen und leise den Spargel weich dünsten, mit Flor de Sal, Cayenne, Limettensaft und schwarzem Pfeffer abschmecken. Die eingeweichte Gelatine einrühren und in einer Küchenmaschine zu einem feinen Püree verarbeiten, die Spargelwürfel hinzugeben. Etwas abkühlen lassen und die halbgeschlagene Sahne drunter heben. Diese Masse in eine mit Folie ausgelegte halbrunde Terrine abfüllen und kaltstellen, damit diese fest wird (Tag vorher wäre perfekt).

Kochkunst auf höchstem Niveau

4. Für die Spargelmatte

5 Stangen Spargel der Länge nach in feine Bahnen schneiden
100 Gramm Spargelessenz
1 Blatt Gelatine
1 Gramm Agar-Agar

Die abgeschmeckte Essenz mit Agar-Agar aufkochen und die eingeweichte Gelatine dazu geben. In eine mit Folie ausgelegte Kastenform mit dem o.a. Gelee noch warm einen Boden gießen. Die Spargelscheiben sauber nebeneinander legen und mit der restlichen Gelatine verschließen. Dies bis zum Anrichten kalt stellen. Je dünner, umso besser. Den Spargelteppich nun exakt schneiden und kühl stellen.

5. Für die Estragon-Mayonnaise

2 Eigelbe
190 ml feinstes Traubenkernöl
15 Gramm Estragon und etwas glatte Petersilie, fein püriert
Flor de Sal, Cayenne

In einer Schüssel das Eigelb mit dem Estragon-Püree verrühren und ganz langsam das Traubenkernöl einfließen lassen, sodass eine Bindung entsteht. Mit Flor de Sal und Cayenne abschmecken.

6. Für die Erde

200 Gramm Pumpernickel
1 Messerspitze Sepiatinte
Flor de sal
Cayenne
1 Esslöffel Spargelsud
10 Gramm Perigord-Trüffel

Den Pumpernickel klein schneiden und trocknen lassen. Diesen in einer Küchenmaschine fein zermahlen, die Sepiatinte dazugeben, mit Flor de Sal und Cayenne würzen. Trüffel fein geschnitten dazu geben. Die »Erde« in eine Schüssel geben und mit etwas Spargelfond befeuchten, damit sie so die Konsistenz einer leicht feuchten Erde ergibt. In einer Tupperbox kann dies problemlos mehrere Tage aufbewahrt werden. Beim Anrichten die Erde am Spargelfeld arrangieren, siehe Foto.

7. Für die Estragon-Chips
Estragon-Chips
1 mehlige Kartoffel weichgekocht und ausgedämpft
30 ml Spargelessenz
15 Gramm Estragon und etwas glatte Petersilie, fein püriert sowie Flor de Sal, Cayenne, Muskat

Die gegarte Kartoffel pressen, in eine Küchenmaschine geben und mit der Essenz nach und nach eine glatte Masse herstellen, schließlich mit dem Estragon-Püree und den Gewürzen abschmecken. Mit einer Palette auf einer Backmatte diese Masse fein und dünn verstreichen und im Ofen bei 80 Grad trocknen lassen. Dies kann bis zu 3 Stunden dauern. Herausnehmen und an einem trockenen Ort aufbewahren.

Zum Anrichten

Den restlichen Spargel schneiden Sie in schöne Rauten oder Würfel, die Spitzen der Länge nach halbieren, nicht länger als drei Zentimeter. Für das Spargelfeld bietet sich ein länglicher Teller an. Nehmen Sie die Spargelmatte und legen Sie sie in die Mitte des Tellers. Darauf legen Sie das Spargelmousse. Die schwarze Folie schneiden Sie so passend, dass die Spargelmousse damit abgedeckt werden kann und man davon nichts mehr sieht. Den übrig gebliebenen Spargel schmecken Sie nach Gusto ab und marinieren ihn leicht mit etwas Himbeeressig und Traubenkernöl. Mit einem kleinen Messer machen Sie wahllos kleine Löcher in den Hügel, um dort den marinierten Spargel hineinstecken zu können. Die Estragon-Mayonnaise verteilen Sie als Punkte auf dem Teller und stecken hier und da nach Belieben geröstete Haselnussscheiben sowie Estragon-Chips rein. Den restlichen Spargel lassen Sie rechts und links locker auf den Teller fallen und dekorieren mit frischem Kerbel Ihr selbstgemachtes Spargelfeld aus.

Guten Appetit!

MÖBIUSMEILE
68723 SCHWETZINGEN

Vermelho

37 Kaffee ohne Kuchen

Kaffeeologe Stefan Kern röstet grüne Bohnen im Kaffee Atelier

Kaffeemühlen haben ja eine ganz besondere Ausstrahlung, wie die Autorin noch als Kind selbst bei ihrer Oma feststellen durfte. Zuerst das Gerattere und dann der Duft! Kaum etwas riecht aromatischer als frisch gemahlener Bohnenkaffee. Wenn die Mühle dabei auch noch Musik macht, wie die der Großmutter beim *Räuber Hotzenplotz*, dann ist das Bukettmärchen perfekt. Damit dies nicht ein Märchen bleiben muss, gibt es in Schwetzingen seit einiger Zeit eine echte Kaffeerösterei, der ein Atelier angeschlossen ist. In diesem kann man Kaffeeologie betreiben – ohne ›Alles neu macht der Mai‹ allerdings. Stefan Kern heißt der junge Mann, der sich damit einen Lebenstraum verwirklichte, ein Sohn dieser Stadt.

»Ich bin in der Marstallstraße mit Familie, Bekannten und Verwandten aufgewachsen und habe meinen Freundeskreis am Ort. Meine Freizeit verbringe ich in Schwetzingen, und so ist die emotionale Verbindung tiefgründig und sehr fest. Es ist einfach meine Heimat. An frühere Zeiten knüpfe ich sehr positive Erinnerungen, wie die Einschulung und die Konfirmation in der Vergangenheit sowie das Agieren in der Geschäftswelt Schwetzingen. Ein Traum wurde wahr – ein eigener Laden.«

Auch persönlich ist der Kaffeeröster mit der hiesigen Scholle verbunden. Nach 14 Jahren Ehe mit anschließender Scheidung entdeckte er seine Jugendliebe und lebt nun glücklich mit ihr in der Fliederstadt. »Ich lebe wirklich gerne in der Kurpfalz«, erklärt der Mann, der eigentlich aus einer völlig anderen Berufsecke kommt. »Das wohltuende und tiefe Gefühl der Geborgenheit und Heimat, all die Erinnerungen, aktuellen Ereignisse und Vorfreude auf die Zukunft in Schwetzingen, das macht mich glücklich.« Wie alle Menschen, die zwischen Mannheim und Heidelberg leben, liebt er »sein« Schloss. »Der Schlossgarten und speziell dort die Moschee. In der Gymnasiumzeit saß ich während des Kunstunterrichts auf dem Hügel gegenüber und skizzierte diese mit Kohle. Diese Perspektive ist unglaublich schön.«

Die hohe Kunst des Kaffeebrauens birgt viele Geheimnisse in sich

Doch wie kam er zum Kaffeerösten? Kaffee wurde, wie Kern gerne während seiner Seminare verrät, schon zu Kurfürsts Zeiten in Schwetzingen gerne konsumiert, eigens dafür hergestellt im Schloss. »Das Kaffeerösten fand ebenfalls im Schloss statt. Leider weiß kaum jemand davon und ich würde gerne diesen Teil der Geschichte aktivieren.« Andere Berufsoptionen gibt es für den ehemaligen Consultant bei Heidelberger Druck nicht mehr. »Sofern diese mit Kaffee zu tun hätten, gerne. Nur was? Ich habe keine auf dem Radar«, lacht Kern, der in seiner Zeit als Consultant in zehn Jahren 40 Länder bereiste. Kein Wunder kehrte er wieder zu seinen Wurzel zurück, die er nun mit seinem eigenen Geschäft noch vertiefte. »Was ich mir vielleicht vorstellen könnte, wäre ein Zweitwohnsitz in St. Ulrich im Grödnertal, Südtirol.« Da wird auch sicher viel Kaffee getrunken.

Kulinarisch eint ihn mit den übrigen Schwetzingern seine Vorliebe für Spargel. »Für mich ist Spargel ein Muss, mit weißer Soße, Pfannkuchen und gekochtem Schinken, so mag ich ihn am liebsten.« Nicht nur Kaffeeliebhabern aus Stadt und Region bietet der Spezialist ein wahres Mekka. Die Kaffeerösterei *Kaffee Atelier* soll ein kulinarischer Ort für feinen Kaffee, Espresso und weitere zahlreiche Sorten der speziellen Bohne sein. Bei Kern kann man direkt an der Stätte des

Geschehens die heiße Flüssigkeit genießen und bestaunen, was es so alles gibt, mit dem man Kaffee zubereiten kann.

Man kann aber auch das Handwerk erlernen, die hohe Kunst des Kaffeebrauens, die mehr Geheimnisse in sich birgt, als man so denkt. Wer will, kann nach erfolgreicher Teilnahme an einem der Seminare Rohkaffee kaufen und eigenhändig bei sich zu Hause zubereiten. Die persönlichen Cuvées erzeugen, die zwar nicht auf dem eigenen Mist gewachsen sind, aber höchst persönlich gebraut wurden.

Manfred Kern hat noch weitere Wünsche ans Leben. »Ein Café bei der Moschee im Schlossgarten mit historischer Kaffee-Röstung in der Pfanne auf offenem Feuer – Kaffee wird in der Tasse serviert und getrunken wie damals zu Churfürstzeiten aus der Untertasse! Das wäre ein Ding«, schwärmt der sonst realistische Mann und fährt gleich weiter fort: »Der Traum wäre, ein offizieller kurfürstlicher Haus- und Hoflieferant des Schwetzinger Schlosses zu werden.« Karl Theodor ist nach über 200 Jahren noch immer so präsent in seiner Sommerresidenz, als würde er gleich mit einem Untertässchen Kaffee in der beringten Hand von der Empore in die Morgensonne winken!

Wäre Kern nicht nur kurfürstlicher Hoflieferant, sondern der Regent höchstpersönlich, würde er seine Untertanen verwöhnen: »Ich würde einmal im Jahr zu einem großen Schlossfest laden. Mögen die Feierlichkeiten eine Woche dauern im Juni. Meine Flaniermeile wäre die Achse Bahnhof/Schloss und nur Pferdekutschen und Fußgänger dürften dort verkehren.« Da passt es ausgezeichnet, dass der Meister die Idee, als Bürgermeister von Schwetzingen seine Kaffeeböhnchen zu verdienen, als Ideal nicht ausgeschlossen hatte.

KAFFEE ATELIER
SCHEFFELSTRASSE 83
68723 SCHWETZINGEN
WWW.KAFFEE-ATELIER.COM

38

Schwetzingen macht blau

Kunsthistoriker Dietmar Schuth initiierte das Museum Blau

Dr. Dietmar Schuth ist in Schwetzingen kein unbekannter Mann, auch in der größeren Schwester Heidelberg, wo der geborene Bitburger Kunstgeschichte studierte mit anschließender Promotion. In dieser von aller Welt als Hauptstadt der Romantik bezeichneten und vom Krieg unzerstörten Stadt fiel er besonders durch einen genialen Einfall auf: Er bot Führungen durch das *Hässliche Heidelberg* an, mit großem Erfolg.

Seine ebenfalls geistreiche, ursprünglich gar nicht ernst gemeinte Idee, in Schwetzingen ein *Museum Blau* einzurichten, fand im Rathaus schnell Befürworter. Denn Schuth war schon davor als künstlerischer Leiter des Schwetzinger Kunstvereins mit innovativen Ideen aufgefallen. Warum also nicht die Fliederstadt mit einer weiteren Schattierung aufpeppen und noch interessanter machen? Von ungefähr kommt eine solche Idee nicht, Schuth hat sich seit über 20 Jahren mit der Farbe Blau beschäftigt.

»Ich liebe alle Farben, vielleicht mit Ausnahme von Grau, was ich eher zu den Krankheiten zähle«, klärt der lebensfrohe Mann auf, »vor vielen Jahren wurde die Firma *Heidelberger Naturfarben* von mir mitbegründet. Jahrelang habe ich in der Industrie gearbeitet und Naturfarben für Kinder und Künstler entwickelt, übrigens auch die immer noch sehr beliebte und weltweit erfolgreiche Badewasserfarbe *Tinti*.«

Alles begann im Jahre 1990. Damals kuratierte Prof. Hans Gercke die Ausstellung *Blau – Farbe der Ferne* im Kunstverein Heidelberg, die dank des Blaukünstlers Yves Klein mit 125.000 Besuchern zu einem für das in Sachen Gegenwartskunst eher provinzielle Heidelberg zu einem erstaunlichen Erfolg avancierte. Schon damals waren mit im Team Dietmar Schuth und Andrea Rehberger, die heute dem Verein *Blau e.V.* vorstehen. Den Studenten faszinierten Ausstellung und Farbe gleichermaßen, so dass er seinen Doktorvater von dem Thema *Blau* überzeugen konnte und schließlich 1995 eine Dissertation dazu beim Kunsthistorischen Institut der Universität Heidelberg vorlegte. 2009 wurden dann, Schuth ist schon längst Leiter des Schwetzinger Kunst-

Unser blauer Planet. Eine Installation im Hof des neuen Museums.

vereins, die Vereine *Blau e.V.* und *Blaufreunde e.V.* gegründet, die beide ausschließlich und unmittelbar gemeinnützige Zwecke verfolgen.

Gleichzeitig wurde ein Kuratorium gebildet, dem Prof. Hans Gercke, Oberbürgermeister Dr. René Pöltl und Kunstreferentin Dr. Barbara Gilsdorf angehören. Man strebt an, das Verständnis der Farbe Blau und ihrer Bedeutung in der Kunst- und Kulturgeschichte zu fördern. Nur zwei Jahre später folgte die erste große Ausstellung: Hans Peter Reuter mit *Das große Blau* in der Orangerie Schloss Schwetzingen als eine erste Kooperation zwischen *Blau e.V.* und dem Kunstverein Schwetzingen. 2013 veranstaltete *Blau e.V.* zusammen mit der Kurt-Waibel-Schule ein blaues Sommerfest, was für eine schöne Idee. Im Herbst desselben Jahres präsentierte *Blau e.V.* im Museum der Stadt Schwetzingen das Blaudruck-Museum der ungarischen Partnerstadt Pápa. Auch diese Ausstellung war mit über 1.000 Besuchern recht erfolgreich. Vielversprechend ging es weiter. Als im Februar 2014 der Gemeinderat der Stadt Schwetzingen mit großer Mehrheit beschloss, dem Verein das Haus Hebelstraße 2 zur Nutzung als »Museum für die Farbe Blau« zu überlassen.

Im Jahre 2016 feiert Schwetzingen nicht nur sein Stadtjubiläum, sondern auch die Eröffnung eines neuen, innovativen Musentempels garantiert mit einer blauen Stunde. Dr. Schuth wird, wenngleich er in Heidelberg wohnt, der Stadt quasi auf ewig erhalten bleiben. »Ich mag Schwetzingen und seine Leute sehr gerne und bin immer wieder glücklich darüber, in dieser Stadt arbeiten zu dürfen, zumal der Kunstverein wirklich schöne Räume bespielen bedarf: das Palais Hirsch, die Orangerie und die Schlosskapelle. Und unser Biedermeier-Häuschen, wo gerade das Blau-Museum entsteht, wird sicher auch ein Schmuckstück werden.« In dem es sich im Zweifel auch gut schreiben ließe, denn der Farbenliebhaber, der lange Zeit als Berichterstatter des Kulturmagazins *Scala*, dem ausführlichsten Feuilletonblatt der Metropolregion, unterwegs war, ist auch ein Mann des Wortes. »Eigentlich ist Schreiben meine große Liebe. Ich habe ja jahrelang als Kunstkritiker gearbeitet und diverse Bücher geschrieben. Zur Eröffnung des Blau-Museums will ich endlich auch mein *Lexikon der Farbe Blau* herausgeben, an dem ich in den letzten 10 Jahren gearbeitet habe.«

Dietmar Schuth lebt nun schon lange genug in der Kurpfalz, um sie als seine Heimat zu empfinden. »Durch meine professionellen Kunstreisen komme ich viel rum, doch meinen privaten Urlaub verbringe ich am liebsten zuhause. Ich wohne ja in Heidelberg in der Altstadt direkt am Neckar und arbeite hauptsächlich im schönen Schwetzingen. Manchmal ist mir das aber auch zu viel Idylle, sodass ich mit dem Auto durch Mannheim fahre, um eine reale Stadt zu erleben.« Schuth sieht sich in einer glücklichen Situation, die nicht vielen Menschen vorbehalten ist. Er wird wohl mit seinem Blau für immer beschäftigt sein. Und viele Besucher in der Hebelstraße empfangen dürfen.

MUSEUM BLAU
VEREINE BLAU E.V. UND BLAUFREUNDE E.V.
HEBELSTRASSE 2
68723 SCHWETZINGEN
WWW.MUSEUMBLAU.DE

39

Ehre, wem Ehre gebührt

Pfarrer Kurt Glöckler erinnert in der Wilhelmstraße

Der Schwetzinger Schuldekan i. R. Kurt Glöckler wurde vor Kurzem für sein langjähriges Engagement in der Aufarbeitung des Lebens und Leidens der jüdischen Mitbürger mit der Verdienstmedaille der Stadt Schwetzingen ausgezeichnet. Zu Recht, wie alle befinden, doch ist Glöckler ohnehin ein renommierter Bürger der Großen Kreisstadt. Schließlich kam er bereits vor über 30 Jahren in Schwetzingen an, begann dort seinen Dienst und nahm die Entwicklung der Stadt stets bewusst wahr.

»Mein erstes Jahr als Pfarrvikar 1971/72 ist mir unvergesslich geblieben«, erzählt der vitale Herr. Doch bleibe er gerne fördernd und helfend im Hintergrund. »Ich war kaum Person des öffentlichen Interesses, ausgenommen in meinem Dienst als Schuldekan und dann mit der Ausstellung *Simon Eichstetter – Jüdisches Leben in Schwetzingen*.« Das findet er noch immer gut so. Der Vater dreier Kinder und inzwischen Großvater einiger Enkel, der sich als Christ einen anderen, »ehrbaren« Beruf wie zum Beispiel als Schreiner durchaus hätte vorstellen können, lebt gerne in der Metropolregion. »Schwetzingen ist eine überschaubare Stadt mit Geschichte, die meisten Menschen sind mir bekannt, es ist kulturell vielfältig mit anregender Umgebung.« Untätig bleibt dieser Mann natürlich nicht. »Ich arbeite zurzeit mit an einem Buch über die Stadtgeschichte Schwetzingens, das zum Jubiläum 2016 erscheint.« Ein guter Pfarrer ist auch immer ein Realist, so auch er. »Ein Platz für Träume reduziert sich, wenn ich es realistisch sehe, mit dem fortschreitenden Alter«, antwortet er auf die Frage, ob er denn noch Träume habe. Schwetzingen träumt von seinem zukünftigen Engagement.

WILHELMSTRASSE 10
68723 SCHWETZINGEN

40 Trauriger Kurfürst und emanzipierte Frau

Am Hofe Karl Theodors in seiner Sommerresidenz

Heute würde man sagen, da steppte der Bär, die Post ging ab, man ließ ordentlich die Sau raus. Still war es jedenfalls nicht am Hofe des illustren Paares Karl Philipp Theodor und Elisabeth Auguste. Vor allem der männliche Teil ist wie kaum eine andere Persönlichkeit noch heute ziemlich lebendig, wenn er nicht sogar *die* Persönlichkeit schlechthin der gesamten Kurpfalz ist.

Karl Philipp Theodor war gar kein geborener Kurpfälzer, vielmehr wurde er im kalten Dezember 1724 auf Schloss Drogenbusch in Brüssel geboren. Warum er noch heute so präsent im Städtedreieck Heidelberg, Mannheim und Schwetzingen ist, liegt an seiner großen Liebe zu dieser Region. Als er später Bayern erbte und nach München umziehen musste, bedeutete es für ihn eine Strafe. Am Schwetzinger Hof dagegen führte er alles ein, was das Leben bunter machte und den Landstrich kulturell voranbrachte. Als Förderer und Mäzen schenkte er Mannheim sein bis heute höchst renommiertes Nationaltheater und gründete das Hoforchester der sogenannten Mannheimer Schule, das als das beste in ganz Europa galt. Mozart und andere Geistesgrößen gaben sich bei Hofe mehrfach die Ehre.

Der Kurfürst war ein der Aufklärung geistig nahestehender Landesherr, gerühmt für seine intellektuelle Neugierde und Toleranz, seine Bildung und seinen Kunstgeschmack, der Mannheim einige bedeutungsvolle Einrichtungen hinterließ. So gründete er 1763 die Mannheimer *Akademie der Wissenschaften* mit den zwei Klassen Geschichte und Naturwissenschaften, 17 Jahre später die *Societas Meteorologica Palatina* als dritte Klasse, denn er war ein leidenschaftlicher Hobbyastronom. Der kurpfälzische Fürst nahm Einfluss auf politische und kulturgeschichtliche Entwicklungen in der gesamten Kurpfalz und machte aus den Residenzen Mannheim und Schwetzingen strahlende Sterne des Fortschritts und der Lebensart. Nur mit der Liebe, der ehelichen, wollte es nicht so richtig klappen. 1742 heiratete er im Alter von nur 17 Jahren seine vier Jahre ältere Cousine Elisabeth Auguste. Erst 19 Jahre später gebar sie ein Kind, das die

Elisabeth Auguste galt zu Lebzeiten als lebenslustig Frau

schwere Geburt nicht überlebte. Danach zerbrach die Ehe. Ihr Mann hatte noch mindestens sechs morganatische, sprich uneheliche Kinder von vier Nebenfrauen bzw. Mätressen. Wegen des frühen Tods seines Nachfolgers gründete Karl Theodor ein Entbindungsheim mit Hebammenschule. Interessant ist der Aspekt, dass sich Elisabeth Auguste auch Liebhaber nahm, sogar noch vor ihrem Mann. Karl Theodor akzeptierte das offenbar, verstieß sie nicht, was er aufgrund der Kinderlosigkeit hätte tun können. Er heiratete nach ihrem Tod 1794 noch ein zweites Mal. Eine Enkelin der österreichischen Kaiserin Maria Theresia, die 52 Jahre jünger als der Kurfürst war und diesen noch weniger mochte. Körperlichen Kontakt wollte sie keinen, er zwang sie nicht, und so blieb der große Fürst ohne einen einzigen Stammhalter.

Sie hätten wohl unterschiedlicher kaum sein können, Elisabeth Auguste, die als lebenslustig und sinnenfroh beschrieben wird, und der melancholische Feingeist an ihrer Seite. Die Ehe war politisch begründet, wie es zu damaliger Zeit durchaus üblich war. Die Verbindung sollte in erster Linie Erbansprüche sichern, was durch den fehlenden Sohn dann nicht gelang. Nach der Biografie von Stefan Mörz war die Kurfürstin jedoch mehr als nur an *Fun* und Unterhaltung interessiert, sie verfolgte selbst politische Ziele. Ihre eigenen allerdings. Sie hatte großen Einfluss auf den Regierenden und setzte ihre Interessen offenbar eisern durch. Vielleicht hat das Paar eine Weile versucht, eine Basis für seine Ehe zu finden, immerhin gelang ihnen, wenn auch spät, die Zeugung eines Kindes. Doch erwies sich diese Basis als viel zu schwach. Karl Theodor sah sich den schönen Künsten und der Wissenschaft verpflichtet, ein echter Freigeist, Elisabeth Auguste beschäftigte sich mit den höfischen Festlichkeiten, der Musik, der Jagd und mit dem Theater. Vielleicht suchten beide deshalb ihr Glück außerhalb der Ehe.

Die Kinderlosigkeit war dabei für eine dominante Frau wie Elisabeth Auguste eine große Demütigung, was dem Zeitgeist und ihrer eigentlichen Aufgabe bei Hofe geschuldet war. Am Hofe zu Schwetzingen konnte es jedenfalls so nicht weitergehen, man suchte nach Lösungen, die sich durch den Tod Friedrich Michaels von Zweibrücken 1767 ergab. Der Kurfürst kaufte dessen Schloss im nahegelegenen Oggersheim und schenkte es seiner ungeliebten Frau. Nur ein Jahr später verbrachte Elisabeth Auguste ihre Zeit hauptsächlich dort, wobei sie ihren Hof dem ihres Mannes ähnlich organisierte: mit Festen, Schauspiel und Musik. Die Etikette aber hielt Karl Theodor aufrecht, besuchte seine Gemahlin und setzte sich in Fragen ihrer Ehre offen für sie ein. Irgendetwas müssen sie doch für einander empfunden haben, und sei es eine Art Respekt. Zwar folgte sie ihm nach München, wo auch sie sich nicht einleben konnte, kehrte dann aber 1781 endgültig in die Kurpfalz auf ihr Schloss zurück. Für die beiden Hauptprotagonisten war das Leben bei Hofe nicht besonders glücklich verlaufen.

SCHLOSS SCHWETZINGEN
68723 SCHWETZINGEN
WWW.SCHLOSS-SCHWETZINGEN.DE

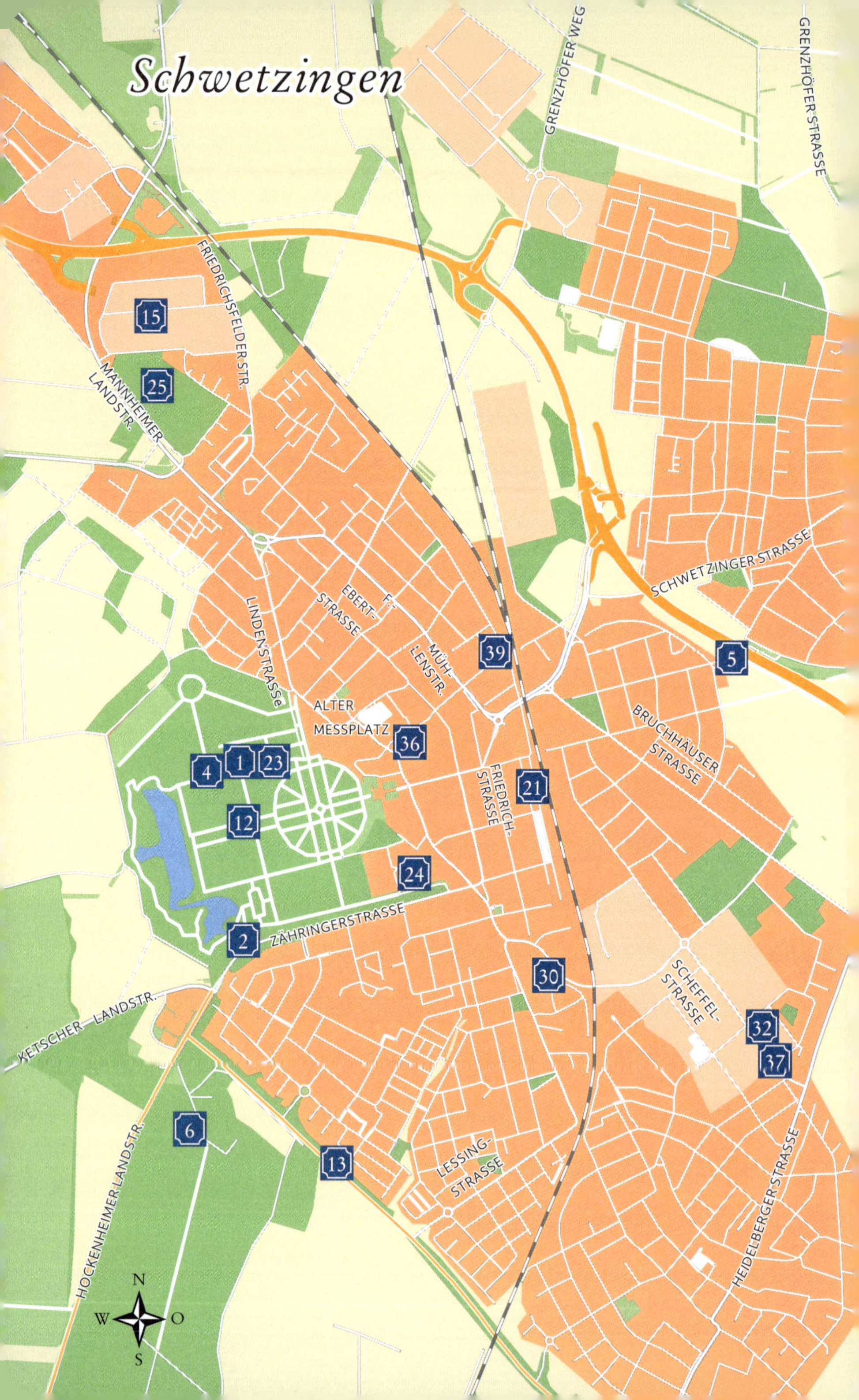
Schwetzingen
GRENZHÖFER WEG
GRENZHÖFER STRASSE
FRIEDRICHSFELDER STR.
MANNHEIMER LANDSTR.
LINDENSTRASSE
EBERT-STRASSE
F.-
MÜHLENSTR.
SCHWETZINGER STRASSE
ALTER MESSPLATZ
BRUCHHÄUSER STRASSE
FRIEDRICH-STRASSE
ZÄHRINGERSTRASSE
SCHEFFEL-STRASSE
KETSCHER LANDSTR.
LESSING-STRASSE
HEIDELBERGER STRASSE
HOCKENHEIMER LANDSTR.
N
W
O
S
15
25
39
5
36
4
1
23
21
12
24
2
30
32
37
6
13

Schwetzingen Innenstadt

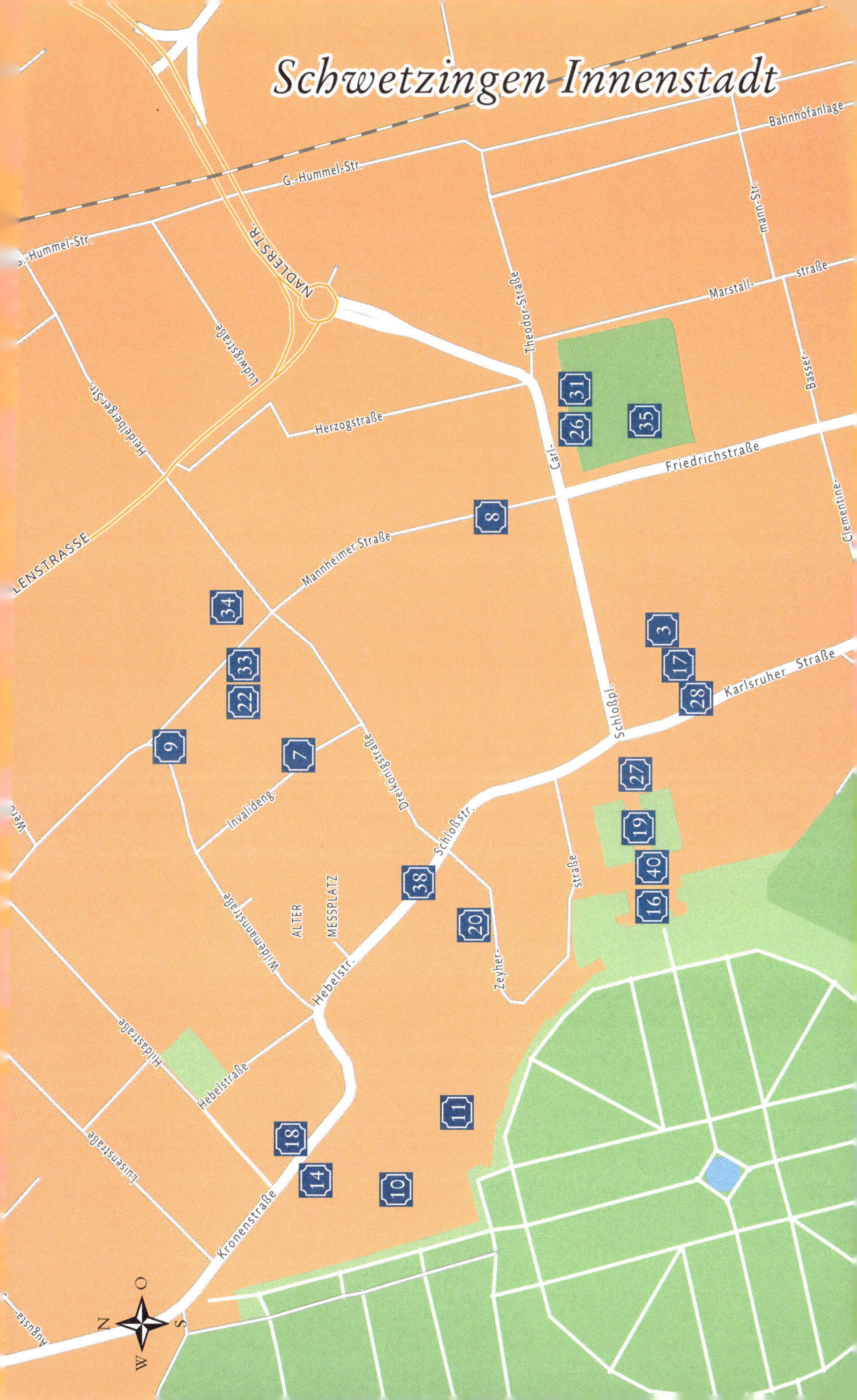

Bildverzeichnis

Sofern hier nicht erwähnt, stammen alle Bilder von Theo Stadtmüller.

Innenseiten:

Tobias Schwerdt 10, 72, 76, 88, 94, 152, 154; Andreas Moosbrugger, mit freundl. Genehm. v. Staatliche Schlösser und Gärten Baden-Württemberg 13; Andrea Marquetant 14; Nicole Boehm 16; Theo Stadtmüller, mit freundl. Genehm. v. Staatliche Schlösser und Gärten Baden-Württemberg 17, 27, 50, 52, 53, 55, 86, 87, 107, 122, 123; privat, mit freundl. Genehm. v. Hanna von Hoerner 18, 20, 22, 23; Studioline 24, 26; Johannes Friedrich, mit freundl. Genehm. v. Heinz Friedrich 28, 30, 32, 33; Ralph P. Barth 34; Viola Maguerre 36, 156; Sunita Mitter 37; Thommy Mardo 40; Thommy Mardo, mit freundl. Genehm. v. Weldebraeu GmbH & Co.KG 42, 44; Viola Eigenbrodt, mit freundlicher Genehmigung v. Weldebraeu GmbH & Co.KG 45; Annamaria Imm-Koczian 46; Jessen Oestergaard 56; Jessen Oestergaard, mit freundl. Genehm. v. Staatliche Schlösser und Gärten Baden-Württemberg 58, 59; Stadtarchiv 60, 78; Viola Eigenbrodt, mit freundl. Genehm. v. Xylon – Museum + Werkstätten Schwetzingen 64, 65; Manfred Oberacker 66; Manfred Oberacker, mit freundl. Genehm. v. Fitness Park Verwaltungs GmbH 68, 70, 71; Norbert Lenhardt 74; Meikel Fuchs, mit freundl. Genehm. v. Staatliche Schlösser und Gärten Baden-Württemberg 77; Benjamin Arnold 84, 176; Werner Schellenberg 90; Kurt Gloeckler 92; Viola Eigenbrodt, mit freundl. Genehm. d. Stadt Schwetzingen 93; Jessen Oestergaard, mit freundl. Genehm. v. Armin Haas 96; Kavita / Fotolia.com 98; Armin Haas 99; Elena Spitzner 102; Karl-Woern-Haus 108; Stadtarchiv Schwetzingen 110; Sabine Hebbelmann 114, 116; Jackie Eustachi 118; Torsten Redler, mit freundl. Genehm. v. Schmuckatelier & Galerie Carsten Kissner 120, 121; Marcus Walz 124, 126, 128; privat, mit freundl. Genehm. v. Theo Stadtmüller 130; Claudia Weitzel 134, 136; Theo Stadtmüller, mit freundl. Genehm. d. Schlossgartenrestaurant Blaues Loch 137; Theo Stadtmüller, mit freundl. Genehm. d. Polizei Schwetzingen 138; chalabala / Fotolia 142; Viola Eigenbrodt, mit freundl. Genehm. d. Polizei Schwetzingen 143; Torsten Karpf, mit freundl. Genehm. v. Andrea Kiefer 144, 146; Viola Eigenbrodt 147, 159; Rena Hoffmann 148; Alexander Maier 150; Sabine Arndt, mit freundl. Genehm. v. Heike Preuss 158; Kai Gebel, mit freundl. Genehm. v. Thommy Möbius 160, 164; Faktenhaus, mit freundl. Genehm. v. Thommy Möbius 162; Theo Stadtmüller, mit freundl. Genehm. d. Kaffee Ateliers 168; Viola Eigenbrodt, mit freundlicher

Genehmigung d. Kaffeeateliers 169; Theo Stadtmüller, mit freundl. Genehm. d. Vereine Blau e.V. und Blaufreunde e.V. 172, 173; Viola Eigenbrodt, mit freundlicher Genehmigung v. Kurt Gloeckler 175; REM Mannheim 178; Staatliche Schlösser und Gärten Baden-Württemberg 179

Umschlag:
René Pöltl: Tobias Schwerdt; Schlossportal: Theo Stadtmüller; Hanna von Hoerner: privat, mit freundl. Genehmigung v. Hanna von Hoerner; Elena Spitzner: Theo Stadtmüller; Denkmal Spargelfrau: Theo Stadtmüller; Stadtmuseum Karl-Wörn-Haus: Theo Stadtmüller; Vogelbad im Schlossgarten: Jessen Oestergaard, mit freundl. Genehmigung v. Staatliche Schlösser und Gärten Baden-Württemberg; Dr. Hans Spielmann:Thommy Mardo; Altstadt: Theo Stadtmüller; Moschee im Schlossgarten: Theo Stadtmüller, mit freundl. Genehmigung v. Staatliche Schlösser und Gärten Baden-Württemberg; Spargelkönigin Katharina: Theo Stadtmüller; Tore im Schlossgarten: Viola Eigenbrodt, mit freundl. Genehmigung v. Staatliche Schlösser und Gärten Baden-Württemberg; Jessen Oestergaard: Jessen Oestergaard

Bildverzeichnis

Beitrag 3 – Hanna von Hoerner:
Ursula Höfer, in: Schwetzinger Frauengeschichten, 2013 Sternenglanz in Schwetzingen

Beitrag 17 – Karl Friedrich Schimper:
Karl Friedrich Schimper: Geschichte und Gedichte eines Naturforschers, Schwetzingen, K. F. Schimper-Verlag GmbH, 2003

Beitrag 24 – Clementine Bassermann:
Joachim Kresin, in: Schwetzinger Frauengeschichten, Hrsg. Zontaclub Schwetzingen und Stadt Schwetzingen, Schwetzingen 2013

Beitrag 40 – Elisabeth Augusta:
Stefan Mörz: Elisabeth Augusta – die letzte Kurfürstin, Stuttgart Kohlhammer 1999

UWE KLAUSNER
Blumenkinder

978-3-8392-1977-5 (Paperback)
978-3-8392-5207-9 (pdf)
978-3-8392-5206-2 (epub)

FLOWER-POWER West-Berlin, Oktober 1968. Am Spreeufer wird die Leiche einer jungen Frau entdeckt. Eine Drogentote unter vielen? Die Spur führt Hauptkommissar Tom Sydow in eine Hippie-Kommune in Moabit. Doch er selbst glaubt nicht daran, dass die 19-Jährige infolge einer Überdosis LSD gestorben ist. Und die Mauer des Schweigens, die ihn umgibt, wird immer höher.

»66 Lieblingsplätze«

für Einheimische, Besucher und Neugierige

Besuchen Sie besondere Orte des Fürstentums Liechtenstein, folgen Sie der Rhön durch Bayern, Hessen und Thühringen oder lassen Sie das märchenhafte Kassel auf sich wirken. Reisen Sie zur Schwäbischen Alb auf der Suche nach Keltengold oder entdecken Sie die Schönheit der Lüneburger Heide. Ob eine Expedition in den Westerwald, ein Ausflug in den Schwarzwald oder ein Kurztripp ins Berliner Umland: Erleben Sie mit unseren Lieblingsplätzen die Vielfalt Deutschlands, Österreichs, Italiens und der Schweiz!

978-3-8392-1984-3

978-3-8392-1987-4

978-3-8392-1982-9

978-3-8392-1980-5

978-3-8392-1985-0

978-3-8392-1981-2

978-3-8392-1983-6

978-3-8392-1986-7

Mit Stadtporträts die Heimat neu entdecken!

Was macht eine Stadt aus? Die Architektur? Die Sehenswürdigkeiten? Nein, es sind die Menschen, die einer Stadt ihr Gesicht verleihen und sie zu dem machen, was sie ist. Unsere Stadtgespräche stellen diese Menschen und ihre Geschichten in Bild und Wort vor. Originale und Prominente erzählen ebenso wie Leute von nebenan Anekdoten, Kurioses und Überraschendes aus ihrer Heimat. Aus den vielen persönlichen Mosaiksteinchen entsteht ein einzigartiges Porträt der Stadt – bunt, lebendig und menschlich.